马克思 与 燕妮

石仲泉 ◎ 著

SPM 南方出版传媒

全国优秀出版社　全国百佳图书出版单位　广东教育出版社

· 广州 ·

图书在版编目（CIP）数据

马克思与燕妮／石仲泉著. —广州：广东教育出版社，
2018.11
ISBN 978-7-5548-2346-0

Ⅰ.①马… Ⅱ.①石… Ⅲ.①马克思（Marx，Karl
1818—1883）—生平事迹 Ⅳ.①A712

中国版本图书馆CIP数据核字（2018）第130515号

特约编辑：郑宁波
责任编辑：邓祥俊 梁 岚
责任技编：涂晓东
装帧设计：梁 杰
封面绘画：王 嫩

马克思与燕妮
MAKESI YU YANNI
广东教育出版社出版发行
（广州市环市东路472号12-15楼）
邮政编码：510075
网址：http://www.gjs.cn
天津创先河普业印刷有限公司印刷
（天津宝坻经济开发区宝中道北侧5号5号厂房）
890毫米×1240毫米 32开本 5.25印张 105 000字
2018年11月第1版 2020年10月第1次印刷
ISBN 978-7-5548-2346-0
定价：36.00元
质量监督电话：020-87613102 邮箱：gjs-quality@gdpg.com.cn
购书咨询电话：020-87615809

新版前言

　　人生之路，并不完全是按照主观设计走出来的。我怎么也没想到《马克思与燕妮》这本小书，会是我这辈子的处女作。尽管现在不再写这样的青年读物，但我为当初写了这本书感到欣慰，毕竟这本书还是为青年一代奉献了一点精神食粮。如果苍天能将我"返老还青"，我是愿意继续去写续篇的。

　　我在1956年上北京大学哲学系念本科，本科毕业后继续留校读研究生。那段时间，我感兴趣的主要是马克思主义哲学原理和哲学史，总想毕业后当个哲学教员。但天不遂人愿，我们那一代人讲服从组织分配，我研究生毕业后先是到中央机关工作，不久就赶上"文化大革命"，以后下放到工厂和基层单位。"三十而立"时，虽然有了一个温馨的家庭，但没有在学业上立起来。"文化大革命"结束，就奔不惑之年了。人生苦短，不能再无所事事。工作之余，有了时间就开始通读《马克思恩格斯全集》。当时确定的主要研究方向是马克思主义理论，但是在看书过程中，对其中的书信兴趣很浓，了解到了在北京大学学习时不知道的关于马克思的许多生平资料，特别是他和燕妮的爱情故事以及他们十分艰难困苦的家庭生活。这些使我感动不已。我本来就很崇拜马克思，很崇敬燕妮，当年在学校时读到他们的传记作品，就有点"如醉如痴"。现在有了这些资料，决定先写《马克思与燕妮》这本小书，以了却献给我所崇拜和崇敬的导师祖师爷的心愿。——马克思比我早出生整整120年，即两个甲子，我们这些信仰马克思主义的后辈，当然是徒孙的徒孙了。

《马克思与燕妮》的初版是1980年，那时我已人到中年，没想到写这本小书还充满了年轻人的激情。这股激情是从哪里来的？我也说不清楚。可能就是太崇拜和崇敬所信仰的祖师爷了。写这本小书，思想非常投入，感情非常专注，没有用多少时间，一气呵成。这次，为了写这个新版前言，我又看了一遍，遐想多多。年轻时，人家叫我"小石头"；到了知天命和耳顺之年，人家开始叫我"老石"；在古稀之龄后到现在进军耄耋，不少年轻人就尊称我"石老"了。真是"人生易老天难老"。但是随着重温旧作，细细咀嚼，似乎还没有"老掉牙"了的感觉。人老的形象没法改变，当年那股精气神却涌上来了。我似乎被带到19世纪欧洲的德、法、比、英等国，回到他们生活的那个岁月。他们青梅竹马、炽烈相恋、辗转流亡、投入革命、不畏贫苦、带病写作、巨人携手、挚友倾助、白头到老、终身相爱的往事像过电影一样，一幕一幕地在脑海里翻腾。他们那种为了工人阶级的解放和人类文明进步的献身精神，仍然令我心潮澎湃。特别是燕妮毅然决然地离开生活非常富裕的贵族家庭，跟随马克思加入无产者行列，过着极端贫困煎熬的日子，全身心地投入马克思的事业中去，终身无怨无悔。这种精神能感动上苍，不能不令我崇拜得五体投地！恩格斯在悼念她时说：她的一生表现了伟大的忘我精神。如果有一位女性把使别人幸福视为自己的幸福，那么这位女性就是她。这个评价毫不夸张，不用说看了马克思和燕妮的相关资料会得出这个结论，就是看了我这本小书，也会赞同这个评价。在我看来，在我们生活的这个世界上，像燕妮这样美丽、圣洁、高尚、伟大的女性寥若晨星。15年前，我在再版的话中说过：像马克思和燕妮这样挚诚至深的纯真的爱，将人类最美好的感情展现得完美无瑕。现在，我再补充一句，我们这些马克思主义的忠实信徒，为我们创立引路指南的祖辈有人类这样最美好的精神世界，感到无比骄傲。

一代人有一代人的人生观、价值观、爱情观。"代"的鸿沟也会在这方面有所表现。时代不同了，我们所生活的这个世界的变化太大太快了，当然不能让90后、00后像我们这些七老八十的人的年轻时代那样生活。要与时俱进，绝不能苛求当今的青年人倒转历史。

但是，话又说回来，既要看到差别性，还不能不讲共同性、继承性、传统性。我们现在既然生活在我们的老祖宗为之奋斗的社会主义社会，这个社会的根本指导思想又是马克思主义，那么马克思主义的人生观、价值观、爱情观等的基本要求，还是应当一脉相承的。过时的只是表象性的东西，而属于核心层面的观念、信条、准则是不会过时的。基于此，我以为这本小书讲的历史故事，对我们的青年一代还会有所帮助的。我衷心期望一代代后人能青出于蓝而胜于蓝，中国的美好愿景、世界的美好愿景都要靠一代代青年人不断接力来实现！

今年是我们的老祖宗马克思诞辰二百周年，这是百年一遇的顶级隆重纪念。感谢广东教育出版社将此书以新版面世，作为对我们崇拜的伟大千年思想家的微薄献礼！

石仲泉

2018年3月2日戊戌年元宵节

再版的话

《马克思与燕妮》，是我在十一届三中全会以后迸发写作热情，出版的第一部书。其实，也是我的处女作。

在20世纪50年代中期考上北大之后，就萌生了著书立说的奢望。但有的教师和学长告诫，做学生就是读书，著书是以后的事。根深能叶茂，大器多晚成。我们许多同学受这种影响，读书期间很少发表文章。这似乎也成了北大的一种学风。我在燕园求学八年，就是"死读书"。参加工作后，很想练练笔，但哪曾想到碰上"文化大革命"，做学问之梦灰飞烟灭。这里，不作"文化大革命"是非之"宏论"。就"文化大革命"对于我这样的学子而言，尽管耽误了十年学业，但亲历这史无前例的"革命"，从某种意义上说，也是有钱难买的富贵财富。

"文化大革命"结束，有如解放。而立之岁，学业未立。不惑之年，不能再惑。著书立说之梦又重做。"文化大革命"前的练笔之类已胎死腹中。"而今迈步从头越",结合工作读《马克思恩格斯全集》过去未出版的书信。由于在学生时代对马克思和燕妮这对天作之合的伉俪就异常崇拜,尽管人到中年,但像年轻人那样的火热的心仍带着激情在怦怦地跳动,因之没有首先去写理论著作,而出版了这本青年读物。没想到在当时还造成了一定的轰动效应。这以后不断有出版社来约写恩格斯与白恩士姐妹以及领袖伉俪丛书等,但都由于工作原因,再也无暇顾及。尽管仍有这个兴趣,却没有从事这类写作的时间。就我所知,这类读物仍为当代青年所喜爱。况且,对上进的青年还有一个引导问题。我觉得,给青年写点东西,还是有意义的事。如果"下岗"之后有可能,要了却这个心愿。

这本小书出版已二十多年了。不仅市场无此书,就是在出版社也成了绝版。这些年不断有读者来函询问,有的甚至直接索书,因为书店没得卖了。今年是马克思逝世一百二十周年,有的出版社主动提出能否转给该社再版,但考虑到与原出版社也是老关系,还是首先满足原出版社的要求。经过这么些年,这本小书再版,照理应该做些修改或增补,但目前仍是难以顾及,只好将我仅存的一本样书交出版社去付印。

这本小书在今年再版,即是为了纪念千年以来的伟大哲人辞世一百二十周年,也是要献给我所崇拜的以燕妮为代表的圣洁、高尚的女性。这样的女性是推动人类文明进步的一个不可或缺的动因。像马克思和燕妮这样挚诚至深的纯真的爱，将人类最美好的感情展现得完美无瑕。文艺家们说，爱情是创作的永恒主题。在我看来，马克思和燕妮之爱，则是这个永恒主题的卓越典范。因此，每当谈起这本小书的"主人公"，我的心情就久久不得平静。再版这本小书，希冀让更多的人，特别是青年朋友能感受和分享这种伟大的爱。

这本小书得以在短时间内付印，要感谢韩钢同志。我是到中央党史研究室后才认识韩钢的。通过工作，才对他有较多的了解。他不仅对党史有较深的研究，领悟力强，表达能力好，业务属上乘；而且更难能可贵的是，他不贪名图利、能吃苦吃亏、重情讲义、乐于助人，同机关的各种人都能交往。因此，我与他也成了忘年交。尽管他现在离开了党史研究室，但还是给予我不少帮助，包括这本小书。在此，我要特别致以谢意。

这本小书再版，没有来得及作"与时俱进"的改动，有的表述不合时宜，在所难免。欢迎广大读者，特别是青年朋友批评指正。

石仲泉

2003年1月26日于虎峰山庄

目 录
contents

家庭与童年

在德国西部边境的莱茵省，有一座古老的小城。林木茂密的群山将它环抱，碧绿的摩塞尔河穿山越谷来将它陪伴。这里遍地都是葡萄园，花香馥郁袭人。往西，与卢森堡大公国①紧相毗连；往南，与法兰西共和国遥呼相望。这个山川秀丽的葡萄之乡，就是马克思的诞生地和燕妮的生长地——特里尔。

特里尔当时有一万二千人口，是摩塞尔区的行政首府，以悠久的历史文明为荣耀。相传，它建成于古罗马帝国时代，比罗马城还早一千三百年。矗立在城中的宏伟的涅格拉门，像摩塞尔古桥一样，是两千年前的文化遗迹。由于城内的教堂、小礼拜堂、修道院、修士会、神学院、骑士团体和教友组织的建筑物鳞次栉比，人们誉称它为"德国罗马"。中古时代以来，它一直是大主教教廷和选帝侯区侯府的所在地。

但是，反动的中世纪并没有让特里尔窒息。18世纪末，德国的伟大诗人歌德以魏玛公国②部长身份的驾临，为它增添了光辉。法国资产阶级大革命的爆发，使它呼吸到了新鲜空气。1789年秋天，这里发生了农民暴动。1794年法国革命军开进莱

---

① 卢森堡大公国原属德意志联邦，1871年德国统一后独立出去成为一个国家。

② 德国在19世纪统一之前是由许多大小公国、侯国、选帝侯区和自由城市领土组成的松散的德意志联邦。魏玛公国是其中的一员。歌德1775—1786年间在魏玛公国担任过枢密顾问和首相等职。

1818年5月5日，马克思在特里尔布吕肯巷664号诞生

茵地区，特里尔也从封建的桎梏中获得了解放，在此后并入法国的二十年间，废除了农奴制，取消了封建特权，颁布了《拿破仑法典》，实施了资产阶级的民主权利，使资本主义生产关系开始萌发。在归回德国之后，它成了普鲁士最先进的地区之一。

马克思家的父系是犹太血统，很早就定居在特里尔。马克思的祖父是该城研究犹太教律的学者和法学家。马克思的父亲亨利希·马克思是这里的著名律师，后来任律师公会主席。他学识渊博，思想倾向进步。《马赛曲》是他爱唱的歌曲，18世纪启蒙思想家的著作是他爱读的作品。据他的小孙女爱琳娜回忆："摩尔（卡尔·马克思）的父亲是道地的18世纪的法国人，能够背诵伏尔泰和卢梭的作品。"①这对儿子的前程产生了深刻的影响。马克思的母亲罕丽达，是个信奉犹太教的荷兰女子，受过相当的教育，擅长操持家务，以能做一个贤妻良母为满足。他们一家孩子虽然很多，生活却还宽裕、和睦。1818年5月5日来到人世的卡尔·马克思是父母的第三个孩子。比他大两岁的姐姐索菲娅跟他最亲密。他的哥哥在他出生后不久夭折。他的弟妹们年幼体弱。他体格健壮，活泼调皮，作为家中的长子，成了双亲的宠儿。父亲为儿子罕见的天赋感到高兴。母亲事事依顺着儿子，把在上层社会飞黄腾达的希望寄托在儿子身上。

燕妮并非出生在特里尔，却比马克思早两年就生活在特里尔的土地上。燕妮于1814年2月12日诞生在易北省的萨尔茨维德尔。她的父亲路德维希·冯·威斯特华伦当时任该州的州长，两年后被调到新近从法国收复回来的特里尔，担任普鲁士政府

---

① ［法］科尔纽著：《马克思恩格斯传》第1卷，生活·读书·新知三联书店1963年版，第85页注10。

的枢密顾问官。燕妮随父亲来这里开始了她的童年生活。

燕妮的家族是普鲁士的名门显贵。祖父担任过高级军职，以卓著的军功封为贵族。父亲世袭男爵，身居高位。母亲也是名门望族家庭出身。燕妮的父亲在特里尔富有的葡萄园种植主、官僚、军官和士绅中间，很有声望。他的家是一幢漂亮的二层楼房，大厅宽敞，装饰得富丽堂皇，城里有地位的人物常来这里聚会。亨利希·马克思也是其中的一员，而且是燕妮的父亲引为知己的朋友。燕妮的父亲虽然出身高贵，但主张开明政治，是一位有高深素养和富于自由思想的人。来他家里聊天、看报、饮酒、玩牌、喝咖啡的，包括各色各样的人物。

燕妮的家和马克思的家相距不远。两家父辈的友谊，使两家的孩子们也非常要好。燕妮同马克思的姐姐索菲娅亲密无间，燕妮的弟弟埃德加尔同马克思是同班同学。索菲娅常带着马克思来燕妮家玩耍。她家爬满葡萄藤蔓的美丽的后花园是孩子们嬉戏的场所。马克思在家里是个淘气鬼，对他的姐妹们来说简直是个"小暴君"。一会儿，他把她们当作他役使的马，快步从小山上往下驱赶；一会儿，又强迫她们吞吃他用脏手搓捏的"点心"——脏面团。但是，在燕妮家的花园里，他却不搞这些恶作剧。在他的心目中，燕妮是大姐姐，在她面前不得有无礼的举动，做游戏也要听从燕妮的指挥。随着岁月的流逝，这两个出身不同的孩子日益亲近起来。

马克思是燕妮家的小常客。燕妮的父亲老威斯特华伦非常喜欢这个皮肤黝黑、目光炯炯、机灵好动、聪明过人的孩子。他有丰富的藏书，酷爱文学，熟悉希腊的诗歌和哲学，能成段成段地背诵荷马史诗《伊利亚特》《奥德赛》和莎士比亚的许多剧本。夕阳西下的黄昏时候，老人爱和孩子们作漫长的散步；深冬的傍晚，老人爱在舒适的客厅里稍事静息。每当这些时候，孩子们往往争先恐后地请求老人打开话匣子，带他们到文学世界中去遨游。参加听讲或者来听朗诵的，除燕妮和埃德加尔姐弟外，也少不了卡尔·马克思。孩子们对那些离奇古怪的神话故事任何时候都感到津津有味，对各种历经艰险、战胜邪恶妖怪的英雄人物总是入迷神往。燕妮正是从她父亲这里开始认识了不朽的艺术形象：哈姆雷特、罗密欧与朱丽叶、奥赛罗与苔丝德蒙娜、李尔王和理查三世，使她热爱莎士比亚戏剧的癖好终身不减。马克思在他未来岳父的家里所得到的精神食粮，远比在他家里和学校里所得到的要丰富得多。他后来对古希腊艺术的高度评价和对那给人间带来光明之火的英雄普罗米修斯的无比崇拜，难道不正是在童年的心灵里播下的种子所开的花吗？

童年，无论对马克思还是燕妮，都留下了美好的印象。他们所受的家庭教育是上等的，他们的生活是无忧无虑的，他们两小无猜，还没想到要去思考未来。谁能料到，即将出现的命运，会将这两个天赋很高的孩子结合在一起，而且艰难的人生路程正在等待着他们呢！

燕妮的心

当卡尔·马克思在十二岁上特里尔中学念书的时候，年方十六、进入青春妙龄的燕妮，已被父母引进了社交界。

燕妮是她父母的幼女，也是他们的爱女。母亲卡罗琳娜是老威斯特华伦的续弦。她心地善良却孤僻高傲，致使马克思来她家玩时对她总是敬而远之。她希望女儿像她一样不辱高贵的门第，在有教养、有地位的上流社会中结成美满姻缘。年迈的父亲对幼女往往会多几分偏爱，何况燕妮天资颖慧，才华出众，老人怎能不钟爱如珠呢？父亲也在为女儿能联姻华胄而祝福。父母出门少不了要带着女儿。当燕妮以她那焕发着爱的魅力的妩媚出现在舞会、音乐会、化装舞会和其他交际场合的时候，她的身边立刻尾随着一大批爱慕者。

燕妮是特里尔美丽绝伦的姑娘，在许多舞会中被认为是当然的"舞后"。她那银铃般的笑声，使年轻人无不为之心醉。她那婆娑婀娜的舞姿，使多少人倾倒在她面前。这一切对于那时还穿着紧窄肩的中学生制服、勤于学习的马克思来说，还不可能有更多的心思去咀嚼。但是，三十年后，当他再回到故乡特里尔的时候，他对燕妮青春年华时的美貌给特里尔人留下的深刻印象，有了异常强烈的感受。他写信对妻子倾诉说："每天我都去瞻仰威斯特华伦家的旧居（在罗马人大街），它比所有的罗马古迹都更吸引我，因为它使我回忆起最幸福的青年时代，它曾收藏过我最珍贵的瑰宝。此外，每天到处总有人向我问起从前'特里尔最美丽的姑娘'和'舞会上的皇后'。做丈夫的知道他的妻子在全城人的心目中仍然是个'迷人的公主'，真有说不出的惬意。"①马克思一生都以燕妮的倾城之美为骄傲。

使马克思感到幸运的是，当他还没有来向她求爱的时候，没有任何人能够把特里尔的这颗明珠夺走。燕妮一天天在长大，老威斯特华伦在每次外出回来之后见到爱女，都为花儿开得越来越娇艳感到高兴。燕妮到了出嫁的年龄，追求她的人越来越多。官吏出身的人是一片甜言蜜语；青年贵族处处显得温存周到；傲慢的戎装军官低下高昂的头，格外彬彬有礼；挥霍无度的富家少爷，则以各种方式大献殷勤。但是，燕妮的心比

1830年10月，马克思进入特里尔中学学习，现遗址位于耶稣大街13号

---

① 《马克思恩格斯全集》第30卷，人民出版社1975年版，第640页。

容貌更美。她从小受过良好的教育，不仅具有卓越的才智和尖锐的批判力，还有纯洁无邪的思想和刚直坚毅的性格。纨绔子弟们的虚伪矫饰、不学无术、自私利己、狂妄执拗，怎能逃脱她那敏锐的目光呢？她嘲笑献媚者们那些令人作呕的丑态，对他们用以自我炫耀的官位、爵衔、财产、金钱，不屑一顾。她知道，在这样的上流社会中不可能得到真正的爱情。她追求的不是物质上的荣华富贵。她渴望光明，热爱生活，富于理想，只有那怀着远大抱负，献身崇高事业的勇士，才是她的心上人。

中学时代的马克思，已经显示出了不平凡的气质。他和燕妮的弟弟埃德加尔是班上两个年龄最小的，又被认为是最有出息的同学。但是，他和埃德加尔的发展方向却不一样。埃德加尔摆脱不了孩子气的虚荣心，以获得满分和奖励为光荣，把他

马克思故乡特里尔今貌

的全部才智仅仅投入到学校规定的功课上。马克思却有无限的求知欲望，把学校的奖励和分数看得非常淡薄。他对笔试和口试毫不在乎，功课往往是中等分数而不是最高分数。但是，他对知识深渊的探索却永不满足，在家里读起书来如饥似渴。他翻阅的各种书和他写得墨迹斑斑的笔记本，把周围的椅子摆得满满的。母亲每次见到这种散乱的情景，都免不了教训儿子一顿，批评他把清洁、整齐看作是无关紧要的小事，并帮他把书整理好。他喜欢独立思考，在课堂上追根究底地提问，经常使老师伤透脑筋，陷入十分窘迫狼狈的状态。

　　1835年，马克思即将中学毕业，全班同学几乎天天都在谈论选择未来职业的问题，有的想当官，有的要经商，有的愿做医生，有的甘心献身宗教，有的则以投笔从戎为理想。马克思

高贵典雅的燕妮画像

顺利地通过了各项毕业考试，成绩虽然不是全优，但皇家委员会颁发的毕业证书仍然对他充满了夸奖，认为他才能优异，思想丰富，知识广博，对事物有深刻的理解。他的毕业作文《青年选择职业的考虑》，则把他这个被认为是奇怪的、特殊的年轻人的志愿，第一次展现在人们面前，使老校长对作文抒发的跟作者年龄不相称的深刻思想感到惊奇和赞赏。马克思写道：

在选择职业时，我们应当以人类的福利和个人的理想为主要指针。我们不应当认为这两种利益之间可能发生对立性冲突，不应当认为一种利益必须消灭另一种利益，因为人生来就是这样安排的：他只有为了社会进步和同时代人的福利而努力，才能够使自己完善起来。

历史认为那些专为公共谋福利从而自己也高尚起来的人物是伟大的。经验证明，能使大多数人得到幸福的人，他本身也是最幸福的……

如果我们选择了最能为人类谋福利的职业，那么，你们就不会为任何沉重负担所压倒，因为这是为一切人而作的牺牲；那时，我们得到的将不是可怜的、有限的和自私自利的欢乐，我们的幸福将属于亿万人。我们的事业虽然并不显赫一时，但将永远长存。当我们离开人世之后，高尚的人们将在我们的骨灰上洒下热泪。①

这就是一个十七岁的中学生的抱负。他开始探索人生的道路，这使他跟燕妮有了共同的生活志趣。在燕妮的家里，他

---

① 《马克思恩格斯早期著作选》（俄文版），苏联国家政治书籍出版社1956年版，第5页。

们除了研究诗的艺术之外，还热烈认真地讨论过重大的人生问题。燕妮深深地爱慕这位少年时代的伙伴的才华，敬佩这个即将升入大学的优秀青年的理想。她的爱情在向他徐徐展开。

热爱知识、志向远大的马克思，既不是玄学家，也不是书呆子。同进入青春期的其他青年人一样，他也开始寻求爱情。与燕妮从小结下的友谊，使他除了挑选这个才貌双全的女子之外，还能看中谁呢？在他心目中，燕妮是唯一完美的女性。世界上最美丽、最聪明的女人，与燕妮相比，也会显得黯然失色。因此，他默默地在爱着燕妮。但是，考虑到两家社会经济地位的悬殊，燕妮不仅比他年长四岁，而且她身边的热烈追求者络绎不绝，使他没有勇气马上表白他的一片诚挚、纯洁的爱。只是在大学生活了一年后，回到家里度暑假的时候，经过姐姐索菲娅的安排，这两个暗中互相眷恋着的人倾吐了长久的相思。燕妮接受了马克思的求婚，把自己的终身托付给了这个普通律师家庭出身的、一无所有的低年级的大学生。

燕妮私订终身，当时还是严守秘密的，除马克思的姐姐和父亲外，其他人都不知道。因为燕妮对婚姻的选择同她的家庭给她安排的生活道路存在着十分尖锐的矛盾。从她所属的那个阶级的眼光来看，这样高贵的女子下嫁给一个平民子弟是不可思议的。她的父母虽然敬重马克思的才华，但也很难完全摆脱传统的门第观念的束缚。燕妮需要时间慢慢地去说服他们。比燕妮大十五岁的异母长兄裴迪南，一向缺乏兄妹之情，无疑会坚决反对这门亲事。他思想顽固，充满贵族偏见，效忠保守的普鲁士政府，争名于朝，争利于市。这样利欲熏心的人怎么会关心别人的幸福呢？燕妮决意不去理会哥哥的阻挠和社会舆论的压力，要逐渐争取父母的赞同，为保卫心灵的幸福而斗争。

马克思在大学

多少个黑夜、白昼顺序过去，
昼夜只有一个梦想在我心中——
想着你，想着我们的幸福。
我的命运也完全由你决定。

当星星熄灭了最后的光辉，
当太阳带来了清晨的问候，
我的爱人这时在做些什么？
我不知道。在孤寂中我感到忧愁。

明亮的热闹的白昼刚刚静息，
黑夜的阴影又在大地上降落，
黑夜的忧愁紧紧压住了我的心：
我的爱人这时在做些什么？

亲爱的，你占据了我的心灵，
我的心灵不断地思念着你。
但愿你对命运之神永不屈服！
我是你的忠实侣伴，永不分离。

　　这首名叫《给爱人》的德国民歌，是马克思在柏林上大学期间从各国优美的民歌宝藏中挑选出的八十一首民歌中的一首，这都是一些歌颂忠贞不渝的真挚爱情的民歌。马克思把这些民歌亲笔抄录在一个精美的八开本的纪念册上，献给他的未婚妻燕妮。在纪念册的卷首，他写道："这是德国（德国各种方言）、西班牙、希腊、拉脱维亚、拉普兰、爱沙尼亚、阿尔巴尼亚等国的一些民歌，是从不同的集子中选录的，仅以此献给我亲爱的燕妮。卡尔·马克思，柏林，1839年。"[①]

　　此外，在卷首，马克思还选录了一首古代民歌作为赠给燕妮的献诗：

　　　　　我永生不能将你遗忘。

　　　　　咱俩永远对对双双。

　　　　　你在我的心中，

　　　　　心中，心中，

　　　　　就像玫瑰长在枝上。

　　马克思献给燕妮的这本民歌纪念册，真实地反映了他当时眷恋燕妮的热烈程度。正如他的幼女爱琳娜所回忆的，"我父亲常常说，他那时真是成了疯狂的罗兰"[②]。

　　马克思在波恩上了一年大学，回到家里度假与燕妮秘密订婚之后，他的父亲担心波恩大学生们的浪荡生活会影响儿子，决定让马克思在1836年10月转入柏林大学。但是，和初恋的情

---

　　① 转引自《马克思恩格斯收集的民歌》，人民文学出版社1958年版，第1页。

　　② 罗兰，古代意大利诗人阿里欧斯托（1474—1533）所写的诗篇中的主人公，她对爱人的爱达到了如痴如狂的地步。

人们一样，在柏林学习的马克思一度也堕入了情网。他舍不得离开未婚妻，在一年之后，那种难分难舍的离别情景还牢牢地萦绕在他的脑际里。他在给父亲的信中写道："当我离开您的时候，在我面前出现了一个新的世界，爱情的世界，而这种爱情在起初又是热烈的、无望的。这次柏林之行使我没有兴趣。如果是在另一种情况下，它会使我欢欣若狂，促使我去观察自然，燃起我对生活的渴望的。但它使我感到十分苦恼不安，因为我看到的岩石并不比我的感情更倔强、更骄傲，宏伟的城市并不比我的血液更活跃，饭店的酒宴也不比我自己脑子里的那一大堆幻想更丰富，反而更不容易消化，而最后，艺术也不如燕妮那样美丽。"①

马克思进入柏林大学之后，改变了在波恩时的那种不规律的生活习惯，一方面紧张地学习，深入地阅读、研究各种专业文献和重要典籍，另一方面又把课余的大部分精力用来写诗，抒发他的心声。爱情之火在熊熊燃烧，任何力量也压抑不住他对燕妮的倾慕、思恋和眷爱。他渴盼着未婚妻的来信。但是燕妮事先已经向他表明，在他们的婚约正式宣布并得到承认以前，她是不会跟他直接通信的。因为她不能使父母在同意他们的婚姻之前受到刺激，也不愿意给上流社会中那些拨弄是非的长舌妇提供任何"材料"来诋毁她的名誉。由于得不到燕妮的来信，马克思常常焦急不安和恍惚不定。他收集的爱情民歌和他写的爱情诗歌，就是这种精神状态的反映。

马克思写了三本诗集和一些未编成集子的诗歌，都陆续寄给了未婚妻。那三本诗集分别题为《诗歌集》、《爱之书》

---

① 《马克思恩格斯早期著作选》（俄文版），苏联国家政治书籍出版社1956年版，第7页。

（第一部）、《爱之书》（第二部）。这些诗不完全是沉湎于感情和幻梦的诗篇，其中也有不少是表达自己的思想志愿和理想抱负的作品。有的诗还把爱情和理想紧密地结合在一起了。例如，在《人的自豪》这首诗里，他写道：

> 燕妮！我可以大胆肯定，
> 我们相爱着，心换了心，
> 炽热的心啊在一块跳动，
> 它们的浪潮奔腾汹涌。
>
> 因此，我轻蔑地把手套
> 掷向世界的宽大脸庞，
> 渺小的巨人呻吟着轰然跌倒，
> 但我的火焰不会被它的残骸灭掉。
>
> 我要像神那样胜利地
> 巡视废墟的国土，
> 我的每句话都是火焰和行动，
> 我的心胸有如造物主的怀抱。

　　这些诗的艺术技巧虽不算高明，在诗人们看来，似乎很难说有多高的文学价值，但它朴实无华，诚挚感人，表现了马克思在爱情的鼓舞下要以一种特别的力量向世界挑战的凌云壮志。他奔放豪迈的激情，流露出了对周围世界的愤懑和对新的光明理想的憧憬。

　　燕妮对未婚夫也同样爱得深沉和炽烈，只是她的感情不可能像马克思那样自由地宣泄。收到这些诗集后，她激动异常，悲喜交加，含着幸福的眼泪把它读完了。虽然后来这两位恋人谈到这些诗歌时，常常对他们青年时代充满孩子气的傻事而发笑，但他们却十分珍视这纯真的爱情。燕妮把这些诗忠实地保存到她生命的最后一刻，从来没有给任何人看过。

马克思献给未婚妻燕妮的诗集《爱之书》的封面

燕妮的婚约由于还没有取得父母的同意，她在特里尔的日子充满了忧虑和痛苦。要不是她在马克思的家里能得到未来的公公父亲般的关怀，她也许会被外界的和内心的痛苦所压倒。老马克思答应过儿子，要当好燕妮的保护人，"像爱自己的孩子一样爱她"。燕妮把马克思的家当作她的第二个家，时常到马克思的家中去倾诉衷曲，消磨时光。索菲娅在给马克思的信中转告燕妮的情况，写道："亲爱的卡尔，你最近的来信，激起我悲痛的眼泪；你怎会想到我会这样疏忽，不把你的燕妮的消息告诉你？！我连作梦都只想到，燕妮爱你；倘若年纪悬殊，使她忧虑的话，那是由于她的父母的缘故。现在她将试图使他们逐渐有所准备，然后你自己再写信给他们；你在他们那里是颇受重视的。燕妮时常来看我们。""我们父母和姊妹们都很爱她；尤其是后者，爱她超过一切，十点以前从来不准她离开我们，你称心吗？再见吧，亲爱的好卡尔，我衷心地希望你能美满地完成你的心愿。"①

老马克思对儿子在柏林的表现十分不安。还在儿子把同燕

① 《马克思恩格斯全集》（柏林版）第1部第1卷第2分册，莫斯科马克思恩格斯研究院1929年版，第198页。

妮密订婚约的事告诉他时，他就担心儿子能否给她带来幸福。现在儿子陶醉于爱情，分散学习的精力，更使他不能不为儿子的前程担忧。他写信告诉儿子，只有迅速取得辉煌成就，才能使燕妮免除痛苦，也才有资格配得上这样一个美丽、贤惠的未婚妻。老马克思写道："我再重复一遍，你已经负起了一项重大的义务，而且，亲爱的卡尔啊，即使这会伤害你的自尊心，我仍然要像平时那样，稍稍有些枯燥地把自己的意见向你讲出来，这就是：你并不能用在诗歌上面表现出来的任何爱情的夸张和过度兴奋，保证使你所献身的那个人得到平静，相反地，你却有把她毁掉的危险。

只有用模范的品行，用英勇、坚定，同时又必然会使你赢得人们的好感和同情的行动，你才能做到使你们之间的关系亲密起

波恩大学，马克思在这里度过了一年大学时光

来，才能使她不管是在自己眼里还是在别人眼里都感到自己是有信心的和安定的。"

老马克思接着谈到了未来的儿媳的品德。他写道："我跟燕妮谈过，希望她尽可能地完全安定下来。……她为你作出了难以估量的牺牲——她表现了克己精神，其崇高的程度只有用冷静的理智才能充分衡量。如果你在一生里有朝一日竟会把这样的事情忘掉，那真是太不幸了！但是目前你必须只用事实来回报这一点。你必须做到使人深信，尽管你年轻，但你已经是一个值得世人尊敬并且很快就会使世人折服的堂堂男子。"①在给儿子的另外几封信中，老马克思还写道："这个善良可爱的姑娘，不断地为你担忧。她怕你经常写作会影响健康，她怕你疲劳过度。她情愿自己受苦。……你写一封信，把它封在给我的信里，但不要背诵幻想的诗句，可以带来安慰。"①燕妮的品德和才华使老马克思深受感动。他爱谑地称她为"天仙美女""迷人精"，满怀幸福地告诉儿子说："你可以肯定，我是肯定的（而且你知道，我是不轻信人的），即使出现了一个王子也不能把她从你手中夺去。她全心全意地依恋着你——你永远不应该忘记——以她的年华，她为你所作的牺牲，绝不是寻常女子所能办到的。"②

在父亲教诲之后，马克思为了履行对未婚妻的义务，同时也为了自己的抱负和理想，一向渴求知识的他，便以极大的热情投入到紧张的学习中去。他刻苦攻读法律系的各门课程，以便继承父亲的事业，成为一个享有盛名的大律师；然而，他的兴趣渐渐地转向了哲学，要用全力来为现代哲学而奋斗。这样努力的结果，便是他以后写成的那篇博士论文——《德谟克里特的自然哲学与伊壁鸠鲁的自然哲学的差别》。他把这篇博士论文献给未来的岳父——老威斯特华伦。这不仅是因为老威斯特华伦是他"敬爱的父亲般的朋友"，"借以表达子弟的崇敬之意"；还如他在献词中所说的，更重要的是在这期间老威斯特华伦已经同意了他和燕妮的婚约，这是女婿对慈祥、明智的老丈人的衷心报答。为了这个婚约得到同意，燕妮做了极其艰苦的努力，以致生了一场重病。老威斯特华伦夫妇看出燕妮已经下了宁死不愿背弃马克思的决心，也就决定尊重爱女的个人意志。做父母的怎么能将这对恋人活活地拆散呢？何况对马克思，他们过去也是爱他如儿子的呀！

---

① 《马克思恩格斯全集》（柏林版）第1部第1卷第2分册，莫斯科马克思恩格斯研究院1929年版，第201页。

② 同上书，第212页。

博士论文

马克思和燕妮的婚约，是在1837年10月间正式宣布的。这以后他们虽然没有完全消除爱情的折磨，为了保卫它还要继续斗争，但在当时却使这对长期相思的情人感到如释重负。

马克思可以领略未婚妻情意绵长的来信了。过去，他曾一次又一次地抱怨她长期沉默和过分执拗而使他陷于痛苦；现在他以无比喜悦的心情向父亲诉说他接到燕妮来信后充满的快乐。他写道："请向我的亲爱的、绝妙的燕妮致意吧！她的来信我已经念了十二遍，每一遍我都发现新的引人入胜的东西。这是一封在一切方面——也在体裁方面——都是最美的、只有女性才写得出来的信。"①

马克思可以集中精力去攻克知识的堡垒了。他成了黑格尔的热心弟子，如饥似渴地钻研黑格尔的各种著作，涉猎哲学史和法哲学，以及其他有关法学和文艺的大量作品。凡是他读过的书，都做详细的摘录，写下感想和批评性的评语，为进一步思考和研究积累材料。他对黑格尔哲学入了迷，十分熟悉黑格尔的体系和方法。他向父亲汇报学习情况说："我已越来越牢固地同现代世界哲学紧紧地联结在一起"，"我已经从唯心主义——顺便告诉您，这是一种我拿它同康德和费希特的唯心主

---

① 《马克思恩格斯全集》（柏林版）第1部第1卷第2分册，莫斯科马克思恩格斯研究院1957年版，第222页。

义做过比较并加以丰富的唯心主义——进展到向现实本身寻找观念这样一个阶段。如果说，上帝和众神在过去是居住在地球上面的高空，那么他们现在已经降落到地面，成为地球上一切活动的中心了"①。

马克思向黑格尔哲学的进军，得到了燕妮的积极支持。燕妮向他表示，她也决定阅读黑格尔的著作，希望知道她的未婚夫所知道的那些东西。她要按他的兴趣来生活，她要理解他的思想道路。这使马克思感到格外高兴，他深信，他的未婚妻的才智同男人一样深湛，一样敏锐，一定能帮他在向知识进军的大道上披荆斩棘。

马克思可以毫无顾虑地投入争取自由的政治斗争中去了。他参加了当时最进步的资产阶级团体——青年黑格尔派的"博士俱乐部"。这里聚集了一群志趣相投而又思想敏锐、喜爱辩论的青年人，他们对德国落后的状况和封建专制主义的国家制度不满，向往18世纪的启蒙精神，要在宗教领域内举起批判的旗帜。不足二十岁的马克思是这个团体中最年轻的一个，当时他也不像其他人那样知名，但很快地，他那横溢的才华就博得了其他人的钦佩，使他成了他们之中的精神支柱。年纪较大的人都团结在这个小青年的周围，倾听他的见解，接受他的影响。

儿子的自由思想使父亲深为震惊。老马克思这时已疾病缠身，收入锐减，担心儿子的政治倾向会危及以后的职业前途和家庭生计，从而妨碍跟燕妮的迅速结合，于是写信严加斥责。但是，未来的儿媳却支持儿子的政治态度。燕妮抛开对婚姻大

---

① 《马克思恩格斯全集》（柏林版）补卷第1分册，莫斯科马克思恩格斯研究院1957年版，第8～10页。

事的顾虑，违反双亲和公婆的意愿，坚决地站在未婚夫一边，这使马克思感到幸福和骄傲。他在给父母的信中转述燕妮的态度时写道：正如我唯一心爱的燕妮所写的那样，这些顾虑在履行神圣的职责面前全部崩溃了。

经过四年寒窗苦读，马克思结束了在柏林的大学生活。他对黑格尔哲学的研究和对政治斗争的关心，使他远远地超出了青年黑格尔派所能达到的水平。他的博士论文选择以古希腊伟大的启蒙者和公开反对信仰上帝的伊壁鸠鲁的哲学为题，把为伊壁鸠鲁的无神论辩护作为论文的使命，从而表明自己信奉无神论。这就等于间接地向以基督教为国教的普鲁士国家和封建制度宣战。由于为反动政府服务的御用思想意识已充塞柏林大学的讲坛，马克思决定在一所外地的普通大学里去通过毕业答辩，然后前往波恩任教。他把毕业论文寄往耶拿大学，立即得到了该校哲学系主任的赞赏，认为作者"不但思想丰富，很有洞察力，而且兼备渊博的学识"。因此，马克思没有再经过进一步的考试，就被授以哲学博士学位。

这部用两年时间酝酿和写作的著作，标志着马克思初期哲学研究的成果。这部著作的序言充满了火一般的战斗热情。马克思像他童年

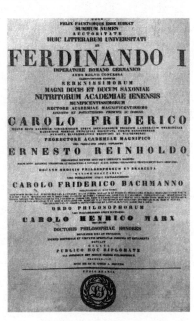

马克思的博士学位证书

时代一样，把普罗米修斯尊奉为争取自由的伟人英雄。他摘录普罗米修斯的豪言作为序言的结束语：

> 你要知道，我宁肯忍受痛苦，
>
> 也不愿受人奴役；
>
> 我宁肯被锁在岩石上，
>
> 也不愿作宙斯的忠顺奴隶。①

这就是这篇著作的宗旨。但又何止于此呢！这难道不是马克思未来人生道路的座右铭吗？不是他向所面临的世界挑战的宣言书吗？

---

① 转引自［法］科尔纽著：《马克思恩格斯传》第1卷，生活·读书·新知三联书店1963年版，第248页。

《莱茵报》主编的婚礼

　　大学毕业之后，马克思原计划到波恩大学谋取哲学讲师的职位，然后同等了他多年的未婚妻结婚。但是，反动政府对青年黑格尔派的迫害，使马克思的计划成为泡影。他不仅被剥夺了作为学者和民主主义者公开活动的权利，而且失去了迎娶燕妮的经济条件。他从柏林回到特里尔，虽然携带着那引为荣耀的博士论文，但仍不能不两手空空地去见未婚妻。燕妮尽管是二十七岁的老姑娘了，但她毫不介意未婚夫遭到的挫折。她再一次地推迟婚期，等待着马克思找到一个安身立命的社会职业。

　　1841年秋季，莱茵地区的资产阶级准备在科伦出版一种报纸，用以维护莱茵省工商界的经济利益和政治利益。资产阶级自由派为了利用名噪一时的青年黑格尔派的政治影响，决定吸收他们之中的一些代表人物参加报纸的筹办和领导工作。马克思在当时享有盛名，他周围的许多朋友已把他看成是德国自由运动的未来领袖。青年黑格尔派的一位政论家向他的朋友介绍马克思说："你应该准备去结识一位最伟大的哲学家，也许是当今活着的唯一真正的哲学家。这位哲学家即将在报刊上和讲坛上显露头角，并且必然很快就会把整个德国的目光吸引到自己身上。""马克思博士——他可以说是我所崇拜的偶像——还是个十分年轻的人（至多不过二十四岁）。他将给中世纪的宗教和政治以致命的打击。他既有深思熟虑、冷静、严肃的态度，又有最敏锐的机智。设想一下，如果把卢梭、伏尔泰、霍尔巴赫、莱辛、海涅和黑格尔结合为一人——我说的是结合，不是凑合——那么结果就是一个马克思博士。"①马克思从这一年9月起就参与了《莱茵报》的筹备。第二年元旦，《莱茵报》正式出版，马克思最初被聘为该报的主要撰稿人，接着担任主编，从此开始了他作为革命家的政治生涯。

马克思当时接受了费尔巴哈唯物主义哲学的影响，不满足于青年黑格尔派对黑格尔哲学体系的单纯理论上的批判，强调要把理论的批判同现实的政治斗争密切结合起来。他无比痛恨普鲁士的反动现状，越来越表现出坚定的革命民主主义者的政治立场。《莱茵报》在马克思的主持下，以空前未有的尖锐性向普鲁士的封建专制势力展开进攻。这位年轻的主编精力充沛、劲头十足，不仅负责领导工作，还亲自动手写稿，大有要干一番事业的雄心。他以报纸为阵地，把笔当武器，无情地抨击德国社会的腐朽和黑暗。马克思曾写过一篇关于评普鲁士书报检查令的论文，寄给卢格办的《德意志年鉴》，大胆地戳穿了政府颁布的所谓出版和言论自由法案的虚伪性，呼吁要给社会以真正的出版自由和言论自由的民主权利。在《莱茵报》上，他发表的为摩塞尔——他的家乡——受苦农民辩护的著作，则是对专制制度最沉痛的控诉。他深刻地揭露了莱茵省议会通过的林木盗窃法案的反动性，指出这些法案是为了满足容克地主发财致富的贪欲，不惜剥夺贫苦农民世代相传的在山林打柴烧的权利。这些文章不仅表现出了马克思对劳动人民的深切同情和对剥削制度的强烈憎恶，更重要的是显示了他对社会

---

① 转引自［德］海因里希·格姆科夫等著：《马克思传》，生活·读书·新知三联书店1978年版，第24~25页。

问题的极大关注。这为他创立崭新的世界观开阔了视野。他后来在回顾这一时期的思想发展时写道:"1842—1843年间,我作为《莱茵报》的主编,第一次遇到要对所谓物质利益发表意见的难事。莱茵省议会关于林木盗窃和地产析分的讨论……是促使我去研究经济问题的最初动因。"①

《莱茵报》激进的民主主义立场,使普鲁士反动政府异常惊恐。1843年1月21日普鲁士国王主持的内阁会议决定从3月31日起禁止《莱茵报》出版。在反动政府当局的重重压力之下,《莱茵报》的股东们暴露了资产阶级自由派软弱、妥协的本性,他们妄图改变《莱茵报》的进步倾向来求得报纸能继续出

---

① 《马克思恩格斯全集》第13卷,人民出版社1962年版,第7~8页。

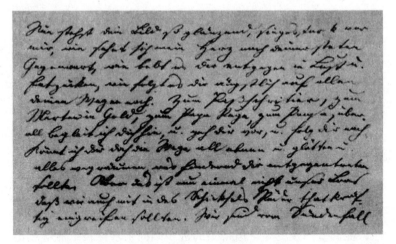

1843年3月初，燕妮写给马克思的一封信

版。马克思坚决不屈服于普鲁士反动政府的压迫，同时又清楚地意识到股东们的妥协和屈服是根本不能挽救《莱茵报》的。因此，他在3月17日毅然地退出了《莱茵报》编辑部。

在这期间，燕妮毫无保留地支持马克思走上公开政治斗争的战场，鼓励他"履行神圣职责"，为民主事业坚持战斗。马克思回到莱茵故乡这件事本身对燕妮就是一个巨大的鼓舞。过去，她很少见到在柏林的未婚夫，只在每年的假期里，同未婚夫有短短几个星期的相会。她长期封闭在为她的出身所限制的，与公共社会生活相隔绝的那个狭隘、鄙陋的小圈子里，感到空虚、寂寞、孤独。现在，爱人就在她的身边，经常向她讲述他在外面的广阔世界里所见到的各种新鲜事物，介绍他和他的朋友们争取自由、反抗德国专制制度的战斗生活，并把她带进了政治斗争的激流中来。燕妮积极协助马克思筹办《莱茵报》，支持他在报馆的工作，并为自己也能参与其中的某些活动感到荣幸。在她面前，一条走向光明、快乐、充满朝气的生活之路打开了。她要随他在广阔的天际里翱翔，她要为他分担斗争的艰难。她在1843年3月给马克思的一封信里写道："你的形象在我面前是多么光辉灿烂，多么威武堂堂啊！我从内心里多么渴望着你能常在我的身旁。我的心啊是如何满怀喜悦和欢欣为你跳动，我的心啊是何等焦虑地在你走过的道路上跟随着你……处处有我在陪伴着你，走在你的前头，也跟在你的后面。但愿我能把你要走的道路填平，扫清阻挡你前进的一切障碍。"①

《莱茵报》被关停了，普鲁士政府堵塞了马克思前进的道路，燕妮却敞开了她的怀抱。她不懊丧，不怨悔，对马克思爱得更加炽烈，更加忠贞。多少年来，她为爱情做了巨大的牺牲，她的生活经历了难以胜数的痛苦。1838年老马克思的去世，使两个家庭联系的纽带中断了。过去她能在爱人的家中得到老马克思父亲般的抚爱，使她因私订婚约而忍受着痛苦的心能得到一点安慰。但现在她倾心的爱人的家门几乎对她关闭了。马克思的母亲因反对儿子的政治态度，也不喜欢这个未来的儿媳妇。1842年，燕妮父亲的长逝，使她跟自己家庭的矛盾又更加尖锐，她的长兄继续反对她的婚姻。马克思反对政府的立场越鲜明，长兄对妹妹就越加恼恨。无休止的激烈争吵，使她越来越想摆脱这个如同地狱一样的家庭。她和母亲离开了特里尔，住到莱茵河畔的一个著名浴场。马克思来到这里和她团聚，就使她再也不想和他分离了。他们决定实现多年渴求的心愿，永远地结合在一起，饱经折磨的漫长的恋爱生活应该结束了。马克思对他的朋友写道："我可以丝毫不带浪漫主义地对

---

① 转引自〔德〕曼弗雷德·穆勒编：《马克思一家书信集》，1966年柏林版，第41页。

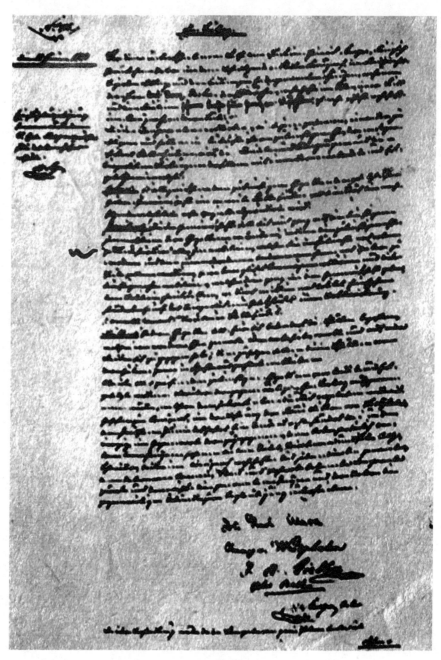

马克思和燕妮的婚约

您说，我正在十分热烈地而且十分严肃地恋爱。我订婚已经七年多，我的未婚妻为了我而进行了极其激烈的、几乎损害了她的健康的斗争，一方面是反抗她的虔诚主义的贵族亲属，这些人把'天上的君主'和'柏林的君主'同样看成是崇拜的对象，一方面是反抗我自己的家族，那里盘踞着几个牧师和我的其他敌人。因此，多年来我和我的未婚妻经历过许多不必要的严重冲突，这些冲突比许多年龄大两倍而且经常谈论自己的'生活经验'……的人所经历的还要多。"①

婚礼于1843年6月19日在燕妮和她母亲的住地克罗茨纳赫浴场举行。这是一个破除贵族礼仪的婚礼，燕妮丝毫没有贵族女子结婚时通常所应有的排场。婚礼简朴、端庄，合乎他们所追求的自由思想。这对新婚夫妇在美丽的莱茵河畔作了短期的蜜月旅行，度过了他们一生中欢乐、美好、令人陶醉的时光，这是他们生活的一个新的起点。对马克思来说，获得了最高尚、最纯洁的幸福，他的生命和妻子的生命永远地联结在一起了；对燕妮来说，她的伟大牺牲精神终于得到了报偿，她将无私地追随着马克思，把马克思的事业当作自己的事业，正像恩格斯后来所说的，"她不仅和丈夫共患难、同辛劳、同斗争，而且以高度的自觉和炽烈的热情积极投身其中"②。

---

① 参见《马克思恩格斯全集》第27卷，人民出版社1972年版，第441～442页。
② 参见《马克思恩格斯全集》第19卷，人民出版社1963年版，第322页。

流亡巴黎

　　马克思的名声，随着《莱茵报》的流传越来越大。普鲁士政府把马克思视为最可怕的危险分子，在关停报纸、迫使他辞去主编职务之后，又改变了手法，企图用名利进行拉拢。他们通过马克思父亲的朋友，一个高等秘密检察官，既给马克思写信，又跑到马克思那里（当时在燕妮母亲的住地——克罗茨纳赫）当面游说，建议他到普鲁士政府机关担任官职。但是，这一收买政策没有奏效。马克思在燕妮的坚决支持下，轻蔑地拒绝了这一邀聘，宁可离开故土，流亡他国，也决不屈服于反动当局的诱迫。他在1843年1月25日给朋友的信中写道："伪善、愚昧、粗暴的专断使我感到厌倦，委曲求全、周旋应付和字斟句酌地对付吹毛求疵的生活我也过够了。总而言之，政府把自由还给我了。"[①] "在德国，我不可能再干什么事情。在这里，人们自己作践自己。"[②]

　　1843年10月，马克思和燕妮这对新婚夫妇来到了巴黎。这是他们流亡生活的开始。从此，一条坎坷艰难的生活道路摆在他们面前。

　　自1789年的法国大革命后，巴黎就成了革命运动的中心。

---

　　① 转引自［德］梅林著：《马克思传》，人民出版社1972年版，第68页。

　　② 《马克思恩格斯全集》第27卷，人民出版社1972年版，第440页。

许多国家的革命者都聚集在这里，注视着革命的发展，德国的一些革命者当时也在这里流亡。马克思来到巴黎，希望一方面通过创办《德法年鉴》杂志，团结德国和法国的革命者从事革命活动；另一方面，利用这里丰富的图书资料，开展理论研究，考察社会历史，探索新的世界观。他对巴黎之行充满信心，在一封信中写道："到巴黎去吧，到这个古老的哲学大学——absit omen！〔但愿这不是不祥之兆！〕——和新世纪的新首府去吧！必须做的事情一定可以做到。"①

马克思到达巴黎之后，立即被这里的政治生活和无产阶级反对资产阶级的阶级斗争所吸引。在法国，随着工业革命的兴

19世纪40年代的巴黎

---

① 《马克思恩格斯全集》第1卷，人民出版社1960年版，第415页。

起，资产阶级社会的各种矛盾公开暴露出来了，资产阶级和无产阶级之间出现了不可调和的尖锐对立，法国的历史发展比德国早了整整一个时代。尽管19世纪30年代发生的里昂纺织工人的两次起义被镇压下去了，但法国的无产阶级仍在为改变他们被剥削、被压迫的悲惨命运而斗争。他们在重新积聚力量，寻求解放的道路。

当时，在法国工人和侨居法国的德国工人中间，已经建立起秘密活动的组织。在这个组织内部，人们围绕着工人阶级的前途问题展开激烈争论。社会上形形色色的社会主义思潮反映到秘密团体中来，有的人主张通过训练少数人搞暴动来夺取政权，有的人则劝说人们放弃斗争，等待有产者发慈悲来改善工人的状况。马克思很关心工人运动的发展，他深入工人当中去，同秘密组织建立了广泛的联系。德国流亡在巴黎的工人有数万之多，他们大多是已经无产阶级化的手工业帮工，饱受德国政治迫害之苦。正义者同盟是这些人之中的一个秘密团体，它是德国工人的第一个政治组织。马克思没有加入进去，但同他们保持了密切的接触。这对他的世界观的转变、理论研究上的飞跃和确定今后所走的革命道路，都产生了重要影响。

经过马克思的艰苦努力，《德法年鉴》于1844年春天在巴黎出版了。马克思根据他对法国和英国的空想社会主义、资产阶级革命史、法国唯物主义和德国古典哲学的研究，发表了重要论文《〈黑格尔法哲学批判〉导言》。在这篇文章里，以及在同一时期发表的其他文章里，马克思完成了对黑格尔哲学的批判，实现了思想的巨大飞跃。他写道："批判的武器当然不能代替武器的批判，物质力量只能用物质力量来摧毁；但是理论一经掌握群众，也会变成物质力量。""哲学把无产阶级当做自己的物质武器，同样地，无产阶级也把哲学当做自己的精神武器。"①他还说："我们的任务是要揭露旧世界，并为建立一个新世界而积极工作。"②马克思的这些观点不仅说明了革命理论与革命实践的统一，而且阐述了无产阶级的伟大历史使命。他认识到了无产阶级不只是一个深受剥削和压迫的阶级，而且是能够自己解放自己的革命阶级；只有诉诸无产阶级，才能对现存社会制度的一切进行无情的批判，摧毁资产阶级的私有制，实现社会的革命变革。这些论文表明，马克思已经从唯心主义者转变成了唯物主义者，从革命民主主义者发展成了共产主义者。

《德法年鉴》上还发表了恩格斯的几篇论文。恩格斯经过与马克思不同的道路，也在这一个时期实现了世界观的伟大转变。恩格斯的一篇关于政治经济学的论文，还对马克思的理论研究产生了巨大的推动作用。他们两人早在1842年11月就见过面。那时，恩格斯从他的故乡巴门到英国去，路经科伦，顺便到《莱茵报》编辑部拜访了马克思。由于在对待青年黑格尔派的看法和态度上的不一致，两人的会见相当冷淡。但这时在《德法年鉴》上，两人的文章同时发表，互相发现彼此的观点已完全一致，连用语都几乎达到了惊人的吻合，这是两人关系转变的契机。

1844年8月底，恩格斯结束了对英国工人阶级状况的考察，在回德国途中来到巴黎，再次拜会了马克思。这次的情景与上次大不相同了，他们为这次会见而无比高兴。马克思把恩格斯安排在自己家里住下，两人形影不离，成天交谈，互相倾吐对

---

① 《马克思恩格斯全集》第1卷，人民出版社1960年版，第460、467页。
② 同上书，第414页。

一些重大理论问题和政治问题的看法，意见一致，谈话投机。他们愉快地度过了难忘的十天，别离时难舍难分，决定合作写一本书，批判曾经对他们产生过重大影响而这时已完全堕落了的青年黑格尔派，这就是以后发表的《神圣家族》这本光辉著作。在这合写的第一部著作里，他们批判了唯心主义的天才史观，进一步阐述了无产阶级的历史使命，奠定了科学共产主义的理论基础。从此以后，他们亲密合作，共同战斗，开始了他们终生不渝的伟大友谊。

马克思的世界观在飞跃，燕妮的思想也在经历着激烈的变化。

初到巴黎的那些日子，对燕妮来说，完全是一种陌生的生活。在特里尔，她住的是漂亮的房屋，在这里，却是简朴的住宅；在特里尔，她生活在达官显贵中间，在这里，接触的多是流亡的无产者。这些，对她的思想都是很大的冲击。在德国，她虽然也认识了一些普通的平民，但是对苦难深重的工人群众却一点也不了解。在巴黎，她陪着马克思一次又一次地漫步到狭窄、拥挤、肮脏的工人住宅区，亲眼看到了无产者的悲惨生活，深切地同情他们的不幸遭遇。她陪着马克思会见革命的工人，使她深受教育。工人阶级的那种团结互助、爱憎分明、英勇战斗、不怕牺牲的优秀品质，对她产生了强烈的影响。马克思写道："人与人之间的兄弟情谊在他们那里不是空话，而是真情，并且从他们那由于劳动而变得粗犷的容貌上向我们放射出人的高贵精神的光辉。"[1]实际上，这也是燕妮的感受，每当她想起在漫游工人住宅区时，贫民窟的大人和孩子对她穿着

---

[1]　马克思：《1844年经济学—哲学手稿》，人民出版社1979年版，第93～94页。

阔绰的时装投以敌视和怀疑的眼光，答以愤恨和嘲讽的语言，她的心头就掀起了巨大的波澜。她开始批判地看待自己过去的生活，思考着迎面袭来的一个又一个问题：为什么社会上会存在有产者和无产者的尖锐对立呢？为什么她出身的家庭是那样的豪富，而工人的家庭又是那样贫穷呢？反对封建特权和容克制度的革命能不能消灭这种不平等现象呢？在丈夫的帮助下，她努力寻找对这些问题的正确回答。

燕妮是一个有良好修养的女子。在结婚之前，她不仅爱好文学，读过大量的文学名著，而且也钻研过哲学，读过黑格尔的辩证法，熟悉费尔巴哈的唯物主义思想。到了巴黎后，她跟着马克思一起阅读英国资产阶级经济学家和英国空想社会主义者的著作。她还以特殊的兴趣研究了对当时的工人群众有较大影响的一些空想共产主义者的学说。这些学说虽然是乌托邦，但这些人毕竟还号召无产阶级为本身的解放而斗争。燕妮通过和工人群众的接触，通过对这些理论著作的研究，逐步地认识到了无产阶级改造世界的历史任务，接受了她的丈夫所创立的科学社会主义理论，决心为无产阶级的解放事业贡献出自己的一切。

在布鲁塞尔

马克思流寓巴黎不到一年半的时间，就被密切监视他的行动的普鲁士政府，以从事反政府宣传的罪名，勾结法国当局，驱逐出境了。

马克思在1845年2月来到比利时首都布鲁塞尔。但是普鲁士政府又向比利时当局施加压力，提出驱逐马克思的要求。为了摆脱普鲁士政府方面的跟踪迫害，马克思决定放弃普鲁士国籍。从此以后，就像他自己所说的：我是世界的公民，我走到哪儿就在哪儿工作。

马克思和恩格斯在《德法年鉴》上，特别是在《神圣家族》一书中所论述的科学社会主义思想，在工人群众中间开始产生重大影响。当时，欧洲的无产阶级反对资产阶级的斗争情绪正在高涨，但工人运动却为形形色色的社会主义思潮所左右，缺乏一个正确的革命理论的指导。马克思和恩格斯认为，为了使无产阶级相信他们的理论是正确的，为了给工人运动以强有力的影响，必须进一步系统地阐发自己的观点，批判那些实质上是小资产阶级的社会主义的思潮。恩格斯把他在德国所见到的情况告诉马克思说："每当我到科伦去的时候，每当我走进这里的某一家小酒铺的时候，都看到新的成就、新的拥护者。科伦的集会已经创造了这样的奇迹：共产主义小组一个个地逐渐出现，这些小组是未经我们直接协助就悄悄地发展起来

马克思与恩格斯夜以继日地写作

的。""目前首先需要我们做的，就是写出几本较大的著作，以便给许许多多非常愿意干但自己又干不好的一知半解的人以一个必要的支点。……人们的情绪已经成熟了，就要趁热打铁。"①因此，他们两人决定再次合作，撰写《德意志意识形

---

① 《马克思恩格斯全集》第27卷，人民出版社1972年版，第18页。

态》这部巨著。

恩格斯也搬到布鲁塞尔来居住了。他的家紧挨着马克思的家。他们两人夜以继日地紧张写作，用了半年时间完成了这部内容广博、思想丰富的手稿。在这部论战性的著作里，他们彻底清算了黑格尔的唯心主义哲学；批判了费尔巴哈唯物主义的不彻底性，特别是他在社会历史领域内的唯心主义观点；揭露了当时流行于德国和法国的"真正的社会主义"的反动本质；第一次系统地阐述了他们所创立的辩证唯物主义和历史唯物主义这个新的世界观的许多基本原理；揭示了人类社会发展的客观规律和资本主义社会一定灭亡的必然趋势；明确地提出了无产阶级夺取政权的历史任务，从而为社会主义由空想到科学奠

1845年前后的布鲁塞尔

定了初步的理论基础。这就是列宁所说的："马克思和恩格斯在他们的科学著作中，最先说明了社会主义不是幻想家的臆造，而是现代社会生产力发展的最终目标和必然结果。"①那时的历史情况就是这样。

马克思在从事理论著述的时候，并没有把自己关闭在书斋里。他很注意把革命理论同工人运动结合起来，在工人们中间传播他的先进思想。在到达布鲁塞尔之后不久，他和恩格斯一起建立了共产主义通讯委员会，通过相互通信，交换宣传材料，使分散在欧洲各国的共产主义团体之间加强了联系，逐步走向联合，为建立无产阶级政党准备了条件。当时欧洲的革命高潮正在到来，急需有一个强有力的组织来领导革命运动。

在共产主义通讯委员会内，马克思一方面宣传科学社会主义理论，一方面同把工人运动引入歧途而又标榜为社会主义的各种错误思潮进行坚决的斗争。他和恩格斯所创立的理论赢得了越来越多革命团体的赞同。无论是鼓吹建立救世济民的福利机构来实现共产主义的所谓"平均共产主义"，还是宣扬共产主义就是"爱的王国"的所谓"真正的社会主义"，都越来越陷于孤立。在这种情况下，已发展成为国际性秘密团体的正义者同盟，表示愿意放弃过去采取的宗派主义立场和奉行的密谋策略，接受科学社会主义理论的指导，欢迎马克思和恩格斯来改组同盟。

马克思和恩格斯认为，利用正义者同盟来建立革命的工人政党的条件已经成熟，决定接受同盟领导人的盛情邀请，参加了正义者同盟先后在伦敦召开的两次代表大会，帮助他们制定

---

① 《列宁选集》第1卷，人民出版社1956年版，第86页。

新的章程。在马克思和恩格斯的指导下，第一次代表大会把"正义者同盟"改名为"共产主义者同盟"。受第二次代表大会的委托，他们两人负责起草共产主义者同盟的纲领，作为党的宣言公开发表。这就是《共产党宣言》，它是国际共产主义运动史上第一个无产阶级政党的第一个革命宣言。在这个宣言里，马克思和恩格斯全面地阐述了科学社会主义的基本原理，明确地规定了无产阶级革命的战略和策略，发出了"全世界无产者，联合起来！"的伟大号召。

《共产党宣言》的发表，开创了无产阶级革命的新纪元。欧洲的革命风暴来临了，马克思和恩格斯一起，积极投入到了伟大的革命风暴中去。

燕妮随马克思来到布鲁塞尔之后，无论是她的家庭生活还是政治生活都发生了进一步的变化。她已经是三个孩子的妈妈。1844年5月1日，大女儿燕妮在巴黎诞生；1845年9月26日，二女儿劳拉在布鲁塞尔诞生；一年多以后，儿子埃德加尔也在布鲁塞尔出世了。1845年4月，海伦·德穆特（琳蘅）来到马克思和燕妮家里，帮助料理家务，成为他们家里的重要一员。比利时当局不准马克思在报刊上发表政论文章，这使家庭的经济收入受到了相当大的影响，贫困的阴影经常笼罩着这个家庭，甚至无力支付跟随他们的保姆海伦·德穆特的工资。要适应经济生活上这样巨大的变化，对于在富裕的家庭中长大的燕妮来说，是颇不容易的。过去她娇生惯养，生活舒适；现在要为吃穿操心，尝到了艰难的滋味。但是，她自从无私地追随马克思，献身于社会主义之后，就已准备承受这一选择所带来的一切后果。目前的困难才仅仅是一个开始，更严峻的日子还在后头。

在布鲁塞尔的那些日子里，燕妮已经是马克思的得力助手

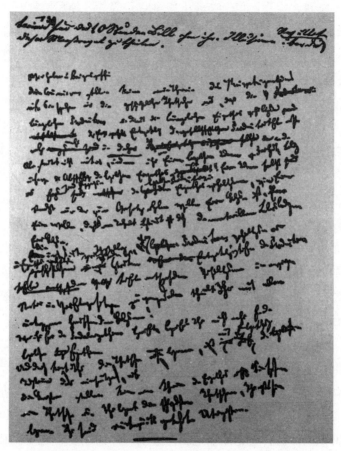

《共产党宣言》手稿第一页。头两行为马克思夫人燕妮的手笔。

和出色的秘书了。她是最先了解马克思学说的巨大意义和最先肯定它的正确性的人之一。无论在艰苦的理论研究中，还是在激烈的政治斗争中，除了恩格斯之外，再也没有谁比燕妮更了解马克思了。她熟悉马克思的思路，当马克思向她阐述自己的批判性意见和刚开始形成的理论观点时，她能迅速地把握住马克思的思想。她积极地帮助丈夫工作：复写原稿，校对清样，寄发材料，代写回信，交涉出版事宜，等等。她那敏锐的智慧有时也参与丈夫的思考。她对于一切重大事件所提出的问题，她对许多政论文章的评语，她对新的重大的科学成就的热烈赞许，都推动马克思在理论研究中继续前进。她对空想社会主义的批判是很尖锐的，由于过去的出身和生活阅历，她对有产阶级的本质有比较深刻的认识。她认为空想社会主义者设计的美好蓝图是脱离实际的，他们充满梦呓的说教越多，对工人运动的危害就越大。她的丈夫在《德意志意识形态》以及《哲学的贫困》里，对一切乌托邦和小资产阶级社会主义流派所作的揭露和批判，得到了她的完全赞同。《共产党宣言》的发表，使她无比兴奋，这本书给了工人阶级一个强大的思想武器，也使她看到了光明和希望。她是第一个读到这本书的人，也是第一个赞扬这本书的人。在保存下来的《共产党宣言》的手稿中，还有几行字是出自她的手笔哩！

燕妮在布鲁塞尔比在巴黎时有了更多的工人朋友。她尽管有不少家务的牵扯，但仍积极参加布鲁塞尔德意志工人协会的活动。马克思当时已被拥戴为革命工人的领袖，常在工人协会里发表演讲，燕妮常常随同前去。她那纯朴、爽朗、友好和乐于助人的品德，使她渐渐地赢得了工人们的敬爱。她从事工人的文化教育工作，热忱地向工人们介绍荷马、莎士比亚和其他许多大诗人的著名作品。有时，她还在工人协会的晚会上朗诵诗歌，受到工人们的欢迎。《德意志—布鲁塞尔报》对"马克思博士夫人"所取得的出色的工作成绩作了报道，进行表扬。

欧洲的革命高潮到来了。马克思和恩格斯在工人中进行的巨大的宣传活动，得到了燕妮毫无保留的支持。宣传品的印刷、复制和寄发的费用不够了，她同意马克思从自己家里有限的财力里支付。布鲁塞尔的工人们响应巴黎的二月革命，举行了声势浩大的示威游行，并决定买一些短剑、手枪等武装自己，她支持马克思把刚从父亲遗产里获得的一笔数千塔勒（当时德国的银币）的巨款，交给战斗的工人阶级。在法国二月革命的影响下，布鲁塞尔沸腾了。"人们高喊：Vive la Republique！（共和国万岁！）高唱《马赛曲》，相互挤来挤去。"①面对这样的革命情景，燕妮无比地欢欣鼓舞。她在给女友的信中表示：即将来临的革命是社会的大变革，是新时代的曙光，她愿以她的全部身心投入到斗争中去。

但是，革命遭到了镇压。不仅马克思被逮捕了，连燕妮也被投进了监牢。警察们把她诱骗到警察局进行粗暴的审问，警官们讲不出任何理由，就借口她丧失国籍，犯有游荡罪，把她送进了市政厅的监狱，和妓女一起关在阴暗、潮湿、寒冷的牢房里。警察当局的卑鄙行径激起了社会各界的强烈抗议。不仅在比利时，连英国、法国的社会舆论也纷纷谴责这种非人道的迫害。第二天，他们不得不将燕妮无罪释放。反动当局为了平息舆论，还被迫撤了涉事警官的职。这是比利时政府蓄意制造的一起政治迫害事件。马克思在《给〈改革报〉编辑的信》中一针见血地揭露说："审讯只可能是纯粹形式主义的：我的妻子的全部罪名就是她虽然出身于普鲁士贵族，却赞成丈夫的民主信念。"②

反动政府的迫害，丝毫没有动摇燕妮的革命意志。出狱后，她跟随丈夫又走上了新的征途。

---

① 《马克思恩格斯全集》第19卷，人民出版社1963年版，第68页。
② 《马克思恩格斯全集》第4卷，人民出版社1958年版，第556～557页。

《新莱茵报》

1848年的革命风暴席卷欧洲。柏林的起义爆发了，在巴黎的德国革命者满怀激情，回国投身革命。春风吹到了莱茵河畔，莱茵省省会科伦成为德国西部的革命中心。从布鲁塞尔流亡到巴黎的马克思来到了这里，参加和领导了莱茵地区轰轰烈烈的革命斗争。

马克思决定创办一份大型的革命报纸，宣传共产主义者同盟中央委员会的路线和策略，及时地指导群众的革命斗争。但这些流亡者身无分文，他们派人到各地去筹集资金，征求订户，克服了重重困难，终于在1848年6月1日出版了革命民主派的机关报——《新莱茵报》。

报纸的编辑部集中了一大批才华出众的年轻人。他们之中的许多人富有智慧、经验丰富、英勇顽强，是早期无产阶级的卓越革命家。马克思作为总编辑，是报纸的灵魂。他亲自确定办报的方针，拟订每一期的编排计划，根据每个编辑的特点分配工作任务。重要稿件的编审、各地消息的选用，以及与其他报刊的联系等各项工作，他都一一过问，甚至连财务这样的麻烦事情，他也兼管。由于他具有丰富的政治斗争经验、高人一筹的理论分析能力和卓越的组织才能，编辑部所有人员都十分乐于接受他的领导。他是人们心目中公认的领袖。

《新莱茵报》明确地规定了自己的宣传任务：彻底推翻普

鲁士王国和奥地利王国这两个最主要的反动政权，促进整个德意志的统一，为建立一个革命的民主共和国而奋斗。这是共产主义者同盟中央委员会在德国的革命民主主义纲领。《新莱茵报》从它创办的第一天起，就置身于革命的洪流中，充当人民的喉舌，向封建反动势力发动了猛烈的攻击。它无情地揭露了反动派正在策划的镇压革命的阴谋，抨击了自由资产阶级对人民利益的出卖和对革命的背叛，批评了小资产阶级民主派的犹豫和动摇，号召人民只有通过坚决的斗争才能摧毁封建王朝和军事官僚集团，打断反革命的脊梁。它热情地赞扬各国无产阶级和人民群众所表现的可歌可泣的英勇无畏、不怕牺牲的革命精神，一再提醒革命的人民只有将革命进行到底，才能建立真正的人民政权，使德国成为一个统一的、民主的国家。它旗帜鲜明，报道真实准确，文字尖锐泼辣，版面生动活泼，因而在群众中迅速地赢得了巨大的信任和威望，产生了深刻的影响，并且发展成为整个欧洲的民主派的机关报。后来恩格斯在评价它的作用时说，以前既没有，以后也不会有一份德国报纸，曾有过像《新莱茵报》那样的力量和影响，那样善于鼓舞无产阶级群众。

但是，随着欧洲革命遭到各国反动派的残酷镇压，《新莱茵报》经过与步步进逼的反革命势力进行针锋相对的斗争之后，也不得不同拥戴它的人民作最后的告别。卷土重来的普鲁士反动政府封闭了编辑部，对马克思下了驱逐令。1849年5月19日，《新莱茵报》出版了最后一期——第301号。报纸在《致科伦工人》的告别书中说："《新莱茵报》的编辑们在向你们告别的时候，对你们给予他们的同情表示衷心的感谢。无论何时何地，他们的最后一句话始终将是：工人阶级的解放！"①恩格斯说："我们不得不交出自己的堡垒，但我们退却时携带着自己的枪支和行装，奏着军乐，高举着印成红色的最后一号报纸的飘扬旗帜。"②这张全部用红色油墨印刷的报纸的终刊号，成了它为革命呐喊，为人民战斗的光荣纪念碑。

在那些革命的日子里，燕妮没有置身于斗争的漩涡之外。在从巴黎启程回国的时候，马克思先到科伦，燕妮带着孩子回到了特里尔她母亲那里。革命的激流还没有冲击到这个古老而又偏僻的小镇，它仍处于革命事变之外，依旧是那样的沉闷、闭塞。这种窒人的沉闷气氛，等于给燕妮那颗要投身革命的火热的心浇了一瓢凉水。那时，革命与反革命的争夺非常激烈，许多地区呈现一片混乱状态。她要接受革命的洗礼，回到火热的斗争中去。她不顾兵荒马乱，毅然带着三个孩子辗转来到了丈夫身边。在报纸的草创时期，她的到来对马克思是一个很大的鼓舞。丈夫非常需要妻子的关怀与帮助。她在报馆附近安置了一个家。当她读着丈夫发表的一篇又一篇战斗檄文时，内心充满了喜悦。她的家很快成了报纸的第二个编辑部，成了革命者聚会的联络站。马克思撰写论文，她誊清校正；马克思草拟的演讲稿，她作为第一个听众发表评论意见；革命的朋友来来往往，她也参与热烈的讨论。她和大家一起投入紧张、繁忙的工作中。

那是一个动荡的岁月。燕妮既要哺育三个幼小的孩子，还要为丈夫的安全担忧。《新莱茵报》使马克思成了革命群众的代言人，他的名字成为争取民主、反对封建专制的象征。反动

---

① 《马克思恩格斯全集》第6卷，人民出版社1961年版，第619页。

② 《马克思恩格斯全集》第4卷，人民出版社1958年版，第184页。

当局视他为最可怕的革命家，采取许多措施进行恐吓：或截拆信件，或跟踪盯梢，或投匿名信，等等。警察和法院也不时地寻找借口，对马克思进行传讯。而每次传讯都使燕妮提心吊

胆，担心孩子们是否还能再见到他们的父亲。1848年11月14日马克思再次被法院传讯，科伦检察长向普鲁士司法部报告这次传讯的情况时说，马克思"由几百人护送到法院大楼……当他出来的时候，这些人又以暴风雨般的欢呼声迎接他，并且毫不隐瞒地表示：如果马克思被逮捕入狱，他们将用暴力解救他"①。革命人民的有力声援虽然使燕妮得到一些宽慰，但是压在她心头的忧虑却不能根本解

《新莱茵报》

除，她时刻担心着马克思的安全。

为了使《新莱茵报》摆脱财政上的困境，燕妮不顾家庭生活的困难，支持马克思在经济上作了两次重大的牺牲。一次是在报纸出版后不久，反动当局鉴于它激烈的革命民主主义立场，曾一度勒令它停刊。这可吓坏了一些资产阶级的股东，

———————

① 转引自〔德〕海因里希·格姆科夫等著：《马克思传》，生活·读书·新知三联书店1978年版，第151页。

约有一半人退出报社，抽回资金，使报纸继续出版遇到了巨大困难。马克思为了拯救报纸，坚守住这个阵地，在燕妮的同意下，又把自己余下的一部分钱财用来办报纸。在报纸完全被关停以后，燕妮和马克思在经济上承受了更大的牺牲。燕妮写信告诉朋友说："您知道，我的丈夫为了报纸曾经作了多大的牺牲，他拿出了几千现款……为了挽救报纸的政治荣誉，为了挽救科伦友人的公民荣誉，他挑起了一切重担，卖掉了自己的印刷机，交出了全部收入，临行前还借了三百塔勒来偿付新租的房舍的租金，支付编辑的薪金等等。"在谈到当时的困境时，燕妮还说："我们没有给自己留下任何东西。我到法兰克福去典当了我们仅有的最后一点银器。在科伦我托人出卖了我的家具。"①

这家具是燕妮心爱的，那银器是她家祖传下来的、母亲给她的陪嫁。为了《新莱茵报》，她都毫不吝惜地贡献出来了。

在马克思被逐出科伦之后，燕妮又单独留下，协助处理报纸的善后工作。不久，她就带着三个孩子回到了母亲那里。这时，她除了惦念不在她身边的马克思以外，还为许多革命者暂时陷入困境而担忧。

---

① 《马克思恩格斯全集》第27卷，人民出版社1972年版，第630页。

亡命伦敦

马克思被普鲁士政府驱逐出境之后，于1849年6月初来到巴黎。7月初，燕妮和孩子们以及海伦·德穆特一起也到了巴黎。但是他们还没有安顿好，警察就带着复辟的法国反动政府的命令，来到了他们家中。法国政府虽然没有把他们一家赶出法国，却要他们离开首都巴黎，永远地居住在外省的一块低湿而又有瘴疫的沼泽地区，这实际上是一种"流放"。马克思抗议地指出，这是"变相的谋杀"。因此，马克思一家不得不离开欧洲大陆，漂泊到大西洋中的岛国——英国。

马克思为了立即赶到伦敦投入工作，不得不忍痛离别拖儿带女且又即将分娩的燕妮，先期到达英国。但是，在他刚刚动身之后，法国反动当局就对行动不便的燕妮施加压力，勒令她无论如何也要在最短时间内离开法国。

恩格斯说："这一次对于燕妮·马克思说来是真正的驱逐出境，她经受了重重苦难。"[①] 1849年秋天，燕妮不顾搬迁的巨大困难，忍受了极大的困苦，来到了新的流亡地——伦敦。经过这一次又一次的生活磨炼，这个出身高贵的女子在无产阶级革命的道路上愈走愈坚定。她的长兄裴迪南在随之而来的反动年代里升任王国政府的内务部部长，她不仅没想到要去利用

---

① 《马克思恩格斯全集》第19卷，人民出版社1963年版，第320页。

这个关系谋取什么个人的利益，反而激烈地反对她的长兄所采取的一切反动措施。她越来越认为，贵族和僧侣、军阀一样，都是些最令人憎恶的家伙。她彻底地背叛了自己的家庭和阶级，使自己成为一名无产阶级的先进战士。

欧洲革命失败之后，大陆上的许多革命者来到伦敦避难。其中大多数是德国的工人，他们无依无靠，生活困难。有的打算在伦敦找个工作，有的准备前往美国。流亡在伦敦的共产主义者同盟中央委员会，根据马克思的提议，成立了一个救济流亡者委员会，马克思被选为该委员会的主席。为了帮助解决流亡的阶级兄弟的困难，马克思在1850年这一年，花去了许多时间和精力，在流亡者中间进行政治工作和组织工作，从物质上帮助他们，从思想上鼓舞他们，使他们终于在这个语言不通、生活习惯不同的岛国安定下来了。

燕妮饱经颠沛流离之苦，所以深知这些流亡者的困难。救济流亡者委员会成立之后，她积极地参加了这项工作。尽管自己家里经济上很拮据，但只要还有一点财力，她就对那些最困难的人给予热情的援助。她那慷慨无私、舍己为人的崇高精神，在流亡者中间一直传为美谈。还在燕妮随马克思第一次流亡到巴黎的时候，许多流亡者在她家里就感受到了她的温暖。长期流亡在法国的著名的犹太血统诗人亨利希·海涅，虽然比她和马克思年长十多岁，却成了他们的知心朋友。海涅十分崇拜燕妮，常把他写的诗稿念给燕妮听，或者寄来征询意见。燕妮那爽朗、可爱的幽默，对海涅有着巨大的感染力。她能使碰到挫折之后、哭丧着脸的诗人顿时振作精神，投入新的战斗。她和马克思一起跟流亡的工人促膝谈心，度过了一个又一个夜晚。在布鲁塞尔的时候，她的家几乎成了流亡者的交通站。最

马克思在伦敦的住所

切尔西区安德森街4号

索霍区第恩街64号

索霍区第恩街28号

哈弗斯托克小山梅特兰
公园路格拉弗顿坊46号

初，经济还比较富裕，燕妮把一些陪嫁转换成了现款，放在一个小匣子里，无论外出旅行在火车上，还是在旅馆里，都把它随身带在身边。当流亡的同志来求援时，她就把小匣子打开放在桌上，让人们任意取用。见过她的人，无不以能认识这位女性为一生中的幸事。

在伦敦，哪怕她的家后来濒于绝境了，还是继续款待流亡的客人。无论来自哪个国家，无论从事什么样的职业，只要是流亡的革命者，她都平等相待，从不歧视任何人。保尔·拉法格回忆说："社会地位的差别对于她是不存在的。穿着做工服

19世纪50年代的伦敦

的工人在她家里，在她的餐桌上，受到殷勤而亲切的款待，就好像公爵或王子一样。"①她和蔼可亲，雍容大方，热情诚恳，使人们感到和她在一起就像和自己的母亲或姊妹在一起一样。因此，伦敦的流亡者们都把她的家看作自己的家。德国社会民主工党的领袖、国际共产主义运动著名活动家威廉·李卜克内西，就是在这一时期流亡伦敦的。他曾长时期地住在马克思家里。他回忆燕妮时写道，马克思夫人对我的影响差不多和马克思本人一样。我的母亲早死，她就成了我的母亲、朋友、知己和顾问，她从前是，现在仍然是我理想的女性。我在伦敦

① ［法］保尔·拉法格等著：《回忆马克思恩格斯》，人民出版社1957年版，第15页。

无论在精神上、身体上所以没有陷入绝境，大半要归功于她。她在我意识到要沉没于流亡者不幸的汪洋大海之中的时候，出现在我面前，又给我浮起的勇气。

马克思和燕妮不仅关怀从欧洲大陆涌来的流亡者的命运，而且十分关心英国工人阶级的状况。拥有两百万人口的伦敦，是当时世界上最大的城市。在这里，同任何一个资本主义的城市一样，既有琳琅满目的繁华闹市，也有阴暗、潮湿、破烂和拥挤不堪的贫民窟区。马克思的家居住在工人比较集中的地区，距离横穿城市的泰晤士河不远。马克思和燕妮站在泰晤士河畔，看到这个国际都会通过一队又一队满载货物的巨型远洋帆船，把它的触角伸到世界各地，一幅暴露资本主义罪恶的图画就浮现在他们的眼前。这个岛国虽然是当时世界上最豪富的国家，但是，这里的工人并不比其他国家的工人富有。他们同样挣扎在饥饿线上。为了改善物质生活和劳动状况，他们进行过长期艰苦的斗争。在革命风暴席卷大陆的时候，他们也曾发动过强大的示威运动。马克思和燕妮来到英国后，英国工人运动的领袖很快就成了他们家的座上客。燕妮随马克思一起，经常应邀去参加英国工人的集会、演讲和节日活动，帮助他们进步和成长。一次，燕妮以十分兴奋的心情写告诉恩格斯说："昨晚我们参加了厄内斯特·琼斯（英国工人革命团体'宪章派'的领袖，恩格斯称他是完全站在马克思这边的唯一有教养的英国人。——引者）所作的关于罗马教廷史的第一次演讲会。他的演讲是非常好的，对英国人来说是高级的。"[1]马克思和燕妮在流亡英国的几十年里，一直与英国工人阶级同呼吸，共命运。

---

① 《马克思恩格斯全集》第27卷，人民出版社1972年版，第171页。

科伦共产党人案件

    欧洲大陆的资产阶级革命失败之后，马克思和恩格斯分析了当时的形势，认为新的革命高潮不会很快到来。他们对工人们说："为了改变现存条件和使自己有进行统治的能力，你们或许不得不再经历15年、20年、50年的内战。"[①]在流亡伦敦之后不久，马克思和恩格斯就提出了改变革命策略的主张：由过去的紧急准备起义的进攻策略改变为长期积蓄革命力量以待时机的退却策略。马克思和恩格斯认为，在革命处于暂时低潮时期，共产主义者同盟必须使自己成为一个完全秘密的组织，它的任务是开展科学社会主义理论的宣传工作，从思想上提高无产阶级的觉悟，在组织上加强无产阶级的队伍，培养无产阶级的骨干力量。

    马克思和恩格斯的正确主张，得到了共产主义者同盟中央委员会大多数委员的赞同。他们跟随马克思、恩格斯革命多年，认为马克思、恩格斯的意见是对客观实际情况进行科学分析后得出的结论。但是，在共产主义者同盟内外，并非所有的人都这样认识。小资产阶级民主派的流亡者不承认革命形势的巨大变化，以华丽的辞藻鼓吹"革命"，派遣密使回国准备暴动，并提出了一个要在全欧建立"临时政府"的空想计划。马

---

① 《马克思恩格斯全集》第7卷，人民出版社1965年版，第618页。

克思和恩格斯痛斥了这种忽视客观条件的冒险行动，指出这样做只能给各国反动派大肆逮捕革命者制造口实。

在小资产阶级民主派的影响下，共产主义者同盟中央委员会内部以维利希、沙佩尔为首的一些人，也极力反对马克思和恩格斯的正确主张。他们有的虽然出身工人，很早就参加过革命活动，但是代表小资产者的利益和要求，害怕进行艰苦的秘密工作，不顾革命暂时低落的事实，妄图用冒险手段，联合小资产阶级民主派，在德国各地发动新的起义，去夺取政权。他们标榜自己是不怕牺牲的"革命者"，污蔑马克思、恩格斯是"靠笔杆活动的人"。他们在伦敦和其他一些地区的支部进行分裂活动，建立起自己的组织系统，形成了一个宗派主义集团。他们拒绝马克思为了挽救他们所进行的耐心的团结教育工作，无视共产主义者同盟中央委员会通过的将总部迁往德国科伦的决议，另立"中央"，与马克思领导的中央委员会相对抗。这样，共产主义者同盟的分裂就不可避免了。马克思委托共产主义者同盟科伦区部委员会组织新的中央委员会，将维利希—沙佩尔分裂集团开除出同盟。

共产主义者同盟新的科伦中央委员会在德国的活动取得了显著的成绩。这时，普鲁士反动政府加紧了对革命者的迫害，使同盟的活动陷于困难境地。1851年5月，普鲁士反动政府逮捕了科伦中央委员会的十一名领导成员。由于没有搜出可以定罪的材料，国王亲自出面导演了一个迫害革命者的丑态百出的诉讼案。国王下令要不惜任何代价，不择手段获取"罪证"。为了给被捕的领导人扣上"叛国罪"制造"罪证"，警察局费尽心机，花去了一年多的时间。他们又是派遣暗探，又是物色叛徒，但是仍然没有掌握科伦中央委员会的情报，只是打进了维利希—沙佩尔集团的组织。于是，他们就用盗窃档案、捏造事实的卑鄙手段，伪造了一个所谓"伦敦共产主义协会的原本记录"，诬陷科伦共产党人在马克思的领导下有图谋"推翻政府的大阴谋"。这就是著名的科伦共产党人案件。警察局捏造的这个所谓"伦敦共产主义协会的原本记录"，张冠李戴，破绽百出，荒唐无稽，十分拙劣。

马克思知道科伦共产党人被捕的消息后，对普鲁士政府的卑鄙行径无比愤慨。他一方面写文章在报上揭露普鲁士政府制造的阴谋，一方面全力以赴地组织营救。当时，严重的贫困已经降临到马克思家里。但是，为了营救科伦共产党人，为了揭露普鲁士政府制造的假案，马克思和燕妮都投入了紧张的战斗。在科伦案件开庭的那些日子，燕妮正在生病。她不顾自身的虚弱，日以继夜地"疯狂工作"。她是马克思领导这场斗争的得力助手。她曾给一位朋友写信描述了那些紧张日子的状况。她写道："想必您会注意《科伦日报》登载的关于共产党人的巨大案件。10月23日的开庭，使整个案件发生了惹人注目的、有利于被告的大转变，所以我们大家又都开始振奋起来。您可以想象到，'马克思派'在日以继夜地工作，脑袋和手脚一刻也闲不下来。这样的高度繁忙，也是我今天再一次以代理通讯员的身分给您写信的原因。"[①]燕妮在那些日子里，经常履行马克思的秘书、通讯员的职责，充当丈夫的代理人，给朋友们写信、寄材料和办理其他联络事务。燕妮继续写道："我们这里现在有了整套办事机构。两三个人写东西，另一些人跑腿，还有一些人筹集便士（英国货币的最小单位。——引

---

① 《马克思恩格斯全集》第28卷，人民出版社1973年版，第648页。

者），以便使写东西的人能够生活下去，并能把前所未闻的丑行的证据端到旧的官方世界的面前。再加上我的三个活泼的孩子又唱又叫，他们常常被他们的严厉的爸爸赶走。真是热闹极了。"①

燕妮的工作很辛苦。她抄写一份又一份的材料，直到手指酸痛得无力拿起笔来。但是，她精神愉快，充满了胜利的信心。她在信中还写道：普鲁士政府伪造证件、诬陷被告的"这些警察行径，都使公众以及陪审员的注意力离开了对共产党人的控诉本身，连资产者对这些可怕的杀人放火者的憎恨，也被对警察当局的卑鄙行为的反感冲淡了，因此，我们现在甚至可以期望我们的朋友被宣告无罪。同这种以金钱和一切斗争手段武装起来的官方势力作斗争，自然是很有意义的。如果斗争的结果是我们胜利了，那就更加光荣，因为对方拥有金钱、权力和其他一切，而我们却常常不知道怎样才能弄到一张写信的纸，等等"②。

燕妮所希望的斗争结局并没有完全实现。从道义上、事实上来说，由于"马克思派"的积极工作，用大量确凿的事实进行揭露和斗争，在这个案子开庭审理时，政府当局策划的一系列阴谋骗局破产了，迫使检察官也不得不亲自剔除那些伪造的证据，从而使反动政府在人民面前丢尽了脸面；但是，反动政府由于掌握着生杀予夺的大权，仍然无理地将被捕的十一人中的六人分别判处了三年至六年的徒刑。有的领导人在狱中遭到残酷迫害，出狱后不久死去。

在这一案件中，维利希—沙佩尔集团充当了很不光彩的角

---

① 《马克思恩格斯全集》第28卷，人民出版社1973年版，第650页。
② 同上书，第649～650页。

色。他们的分裂活动被反动派利用来迫害真正革命的共产党人。在反动派的威逼和利诱面前，他们中的一些人堕落成了可耻的帮凶。

这次案件结束后，共产主义者同盟的活动更加困难了。根据马克思的提议，同盟组织在1852年11月宣告解散。在马克思、恩格斯的直接领导下，一些国家真正的革命者，进行着积蓄革命力量的艰苦工作，准备新的斗争。

贫病交困的日子

　　19世纪50年代在伦敦的生活，是马克思和燕妮一生中最艰难的岁月。

　　欧洲大陆的革命失败以后，马克思和恩格斯写了许多著作，总结革命的经验教训。他们深深感到，进一步发展科学社会主义理论基础的任务必须提到日程上。过去，繁忙的革命活动使他们没有很多的时间去从经济理论上对共产主义的必然胜利进行科学的论证。现在，新的革命高潮暂时还不会到来，正是深入开展理论研究活动的大好时机。为了使工人阶级能尽快地读到自己的理论著作，马克思决定专心致力于经济理论的研究，不再去谋求一个为了挣钱来养家糊口的社会职业。在做出这个关系一家人的经济生活的决定时，燕妮完全支持她的丈夫。恩格斯也是做出这一决定的参与者。就天赋条件和理论素养而论，恩格斯也是能够胜任这一艰巨的理论研究任务的；但是恩格斯认为，他的朋友比他更合适。为了支持马克思进行理论研究，接济马克思一家的生活费用，恩格斯毅然地回到曼彻斯特，去继续做他所厌恶的"该死的生意"。燕妮也勇敢地承担了因这个决定而带来的一系列的困难。

　　马克思最初以为在做理论研究的同时，给美国《纽约每日论坛报》撰写政治论文，就可以维持最起码的家庭生计。那时，欧洲的报纸都不发表马克思的文章，他不得不在欧洲以外的地方去寻找出路。但是，这家美国报纸的老板唯利是图、十分吝啬。马克思的文章使他的报纸畅销获利，但他却对马克思只付以少得可怜的稿酬，有时还扣压不给，尽管马克思和燕妮反复进行交涉，往往也无济于事。这样，马克思一家的生活在很大程度上只好依赖于恩格斯解囊相助。恩格斯除了每月寄一两次钱供给他们的正常生活之外，只要马克思或燕妮一有告急，就立即设法寄钱给予接济。但是，恩格斯一人的收入怎么能把他们一家数口人的生活包下来呢？因此，在那些日子里，饥饿、寒冷、疾病，一个接一个地袭来；面包师、蔬菜贩、肉商、房东，像走马灯似的前来逼债。药，没钱买；信，有时没邮票寄；出门，没有外衣穿，燕妮连她的最后一条"自由裙"也拿去当掉了；甚至孩子死了，也没有钱买棺材埋葬。马克思的家真可谓一贫如洗啊！

燕妮在1850年5月20日写给魏德迈的信中，真实地描述了他们在流亡伦敦初期悲惨的生活情景。她写道："我只要把我们一天的生活情况如实地向您讲一讲，您就会看到，过着类似生活的流亡者恐怕是不多的。因为这里奶妈工钱非常高，尽管我的胸和背都经常痛得很厉害，我还是决定自己给孩子喂奶。但是这个可怜的孩子从我身上吸去了那么多的痛苦和内心的忧伤，所以他总是体弱多病，日日夜夜忍受着剧烈的痛苦。他从出生以来，没有一个晚上是睡到两三个小时以上的。最近又加上了剧烈的抽风，所以孩子终日在生死线上挣扎。由于这些病痛，他拼命地吸奶，以致我的乳房被吸伤裂口了；鲜血常常流进他那抖动的小嘴里。有一天我正抱着他这样坐着，突然我们的女房东来了……要我们付给她五英镑的欠款，由于我们手头没有钱……于是来了两个法警，将我不多的全部家当——床铺衣物等——甚至连我那可怜的孩子的摇篮以及眼泪汪汪地站在旁边的女孩们的比较好的玩具都查封了。他们威胁说两个钟头以后要把全部家当拿走。那时忍受着乳房疼痛的我就只有同冻得发抖的孩子们睡光地板了。"燕妮继续写道："第二天我们必须离开这个房子。天气寒冷，阴暗，下着雨。我的丈夫在为我们寻找住处，但是他一说有四个孩子，谁也不愿收留我们。最后有一位朋友帮了我们的忙，我们付清了房租，我很快把自己所有的床卖掉，以便偿付药房、面包铺、肉铺、牛奶铺的欠款，他们听说我被查封财产都吓坏了，突然一起跑来向我要账。把出卖了的床从家里抬出来，搬上小车……当时天色已晚，太阳已经落了，按英国的法律在这个时候是禁止搬运东西的，于是房东领着警察来了，说里面可能有他的东西，说我们想逃到外国去。不到五分钟，我们门前就聚集了不下二三百个看热闹的人，切尔西的流氓全来了。床又搬了回来，只好等第二天早晨太阳出来以后再交给买主；最后，当我们卖掉了一切家当，偿清了一切债务之后，我和我的可爱的孩子们搬到了莱斯特广场莱斯特街1号德国旅馆我们现在住的这两间小屋。"①燕妮在同年6月20日给魏德迈的信中又写道："我们全家六口住在一个房间和一个很小的套间里，而租金却比德国一所宽敞的房子还贵，并且每个星期都要付房租。因此，您可以想象，哪怕只是一个帝国塔勒晚一天到手，会是什么样的状况。现在在这里对我们全家来说是设法糊口度日的问题。"②

1852年9月，马克思给恩格斯写信谈到家里的窘迫状况，使我们看到了另一幅悲惨的画面。他写道："我的妻子病了，小燕妮（大女儿。——引者）病了，琳蘅（女仆海伦·德穆特的爱称。——引者）患一种神经热。医生，我过去不能请，现在也不能请，因为我没有买药的钱。八至十天以来，家里吃的是面包和土豆，今天是否能够弄到这些，还成问题。""给德纳（《纽约每日论坛报》的编辑。——引者）的文章我没有写，因为我连读报用的便士也没有一个。""最好和最理想的是能够发生这样的事：女房东把我从房子里赶走。那时，我至少可以免付一笔二十二英镑的款子。但是，未必能够指望得到她这样大的恩典。……在最近八至十天，我从某些庸人那里借了几先令（英国货币单位，比英镑小，比便士大。——引者）和便士，这对我来说是最不痛快的事情；不过，为了不致饿死，这是必要的。""从我的一些信中，你大概已经看出，当我亲身遭遇到这种坏事而不是听别人议论时，我通常都是很无所谓

————————

① 《马克思恩格斯全集》第27卷，人民出版社1972年版，第631～632页。
② 同上书，第634页。

地忍受过去的。然而有什么办法呢？我的家变成了一个诊疗所，而危机是这样尖锐，迫使我不得不把我的全部注意力都放在这上面。"①

面对这样贫病交困的艰难生活，马克思和燕妮表现出了一个真正的无产阶级革命者的坚强意志。他们没有任何的悔恨，从不互相埋怨；而是互慰互勉、互助互让，因而也更加互敬互爱。在那些岁月里，燕妮尽量把同贫困做斗争的担子放在自己肩上。她十分辛苦地处理成堆的家务琐事，为几口人的生活到处奔走，以便让马克思安心地进行研究和写作。马克思也尽量为燕妮分担忧愁，减少她的烦恼，照顾她的身体，对她更加敬重、体谅、关怀和爱护。马克思常常对恩格斯说：我感到对不起我的妻子，主要的负担都落在她的身上。一次，马克思为了同恩格斯合写一本书，抨击日益堕落的资产阶级民主派，不得不离开伦敦到曼彻斯特恩格斯那里去。燕妮操持家里的一切事务，为了使马克思不为家里人的生活担忧发愁，燕妮写信给马克思婉转地说明了家里的情况。马克思接到信后对燕妮的一片心意非常感激，赶快回信说："我亲爱的：你的信使我非常高兴。你根本不应该总是不好意思把什么事都告诉我。如果可怜的你，不得不在实际上身受这一切的话，那末正义要求我至少在思想上同你一起经受一切痛苦。然而，我知道你的性格非常柔软，有一点点美好的希望就会使你振奋起来。我相信就在这个星期，或者最迟在下星期一，你还可以收到五英镑。"②

燕妮尽管承担了家庭生活的重担，但她毕竟不能改变家庭生活的艰难状况。为了设法再去借点钱，为了要求延期还债，

① 《马克思恩格斯全集》第28卷，人民出版社1973年版，第126～128页。
② 同上书，第528～529页。

马克思有时不得不搁下他的研究而整天奔走。这使燕妮十分难过，因为这无异于在毁灭丈夫的才智，破坏丈夫的计划，贻误丈夫的工作。她常常从心底里发出呼喊：心爱的卡尔，我很害怕在你万分痛苦的时候再使你忧虑。她在给魏德迈的信中写道："我的丈夫在这里被日常生活的琐事压得几乎喘不过气来，而且这一切是如此令人苦恼，以致需要他的全部精力，他的全部的镇定的、清醒的、冷静的自尊感，才能坚持这种每日每时的斗争。"她继续写道："您不要以为这些小事所造成的烦恼已把我压倒，我非常清楚地知道，在我们的斗争中我们决不是孤独的，而且我有幸是少数幸福者中的一个，因为我的身旁有我亲爱的丈夫，我的生命的支柱。真正使我痛苦万分，使我十分伤心的是，我的丈夫不得不经受这样多的琐屑的苦事。"①

燕妮内心的这种痛苦，仅仅是出自对马克思个人的爱吗？不！这包含了她对无产阶级革命事业的无限关心。她后来在给李卜克内西的信中写道：马克思"要是能够继续安安静静地工作，为战斗着的人们发展斗争的理论，那对他该是多好，多有益"②。燕妮这种崇高的思想境界和伟大的革命情操，是她能和马克思一道战胜一切困难，度过艰难岁月的力量的源泉。

---

① 《马克思恩格斯全集》第27卷，人民出版社1972年版，第630、632页。
② 同上书，第684页。

接踵而至小天使之死

"人要一倒霉，不幸的事就接踵而来。"在马克思和燕妮遭受的一连串的不幸事件中，最不幸的是他们的几个孩子的相继去世。这给马克思夫妇，尤其是燕妮以难以想象的打击。这几个孩子都是父母所心爱的，他们的早逝，诚如做父亲的所指出的，与其说是体质上的原因，不如说是物质上的原因，他们成了家庭生活贫困的牺牲品。

第一个病逝的孩子是亨利希·格维多，这是燕妮在流亡伦敦之初于1849年11月5日所生的儿子。还在娘胎里，他就跟着父母颠沛流离，降临到这个世界上之后，疾病又一直伴随他。燕妮为了亲自哺乳这个孩子，忍受过许多痛苦。但是，孩子仍然仅仅活了一周岁，因患肺炎引起抽风而死去，这个打击对燕妮是很大的。马克思在孩子死去的当天写信给恩格斯说："今天早晨十点钟，我们的小火药阴谋家小福克斯（格维多的绰号。这个绰号是从盖伊·福克斯的名字而来，盖伊·福克斯曾计划在1605年11月5日用火药炸毁英国议会大厦。——引者）死了，——很突然，是在他经常发作的痉挛症又一次发作的时候。在这以前几分钟他还笑着，嬉戏着。这件事情完全出乎意料。你可以想象这里出现了何种景象。""如果你心情好的话，请写几句话给我的妻子。她已经完全失常了。"[1]

恩格斯遵照马克思的嘱咐，给受到巨大刺激的燕妮写了一封亲切感人的信，使燕妮得到了极大的安慰。在朋友和亲人的鼓励下，她忍痛节哀，又投入到生活的激流中去，继续与命运搏斗。她是多么希望结束这样的不幸的事啊！她怎么会想到这样不幸的事才仅仅是开始呢！她后来写道："我是多么伤心！这是我失掉的第一个孩子呢。唉，我当时没有想到还会遭受这样的一些痛苦，我想再没有什么痛苦比这样的痛苦更难忍耐的了！"[2]

第二次不幸接踵而至。1851年3月才出生的三女儿小弗兰契斯卡，在格维多死后不到一年半的时间，又在1852年2月4日病死了，这是贫困夺走的他们的第二个孩子。母亲在谈到孩子之死的情况时写道："1852年复活节，我们可怜的小弗兰契斯卡得了严重的支气管炎。可怜的孩子和死亡搏斗了三天，受了许多痛苦。失去生命的小尸体停放在后面小房间里。我们都搬到前面房间来，晚上我们睡在地板上——三个活着的孩子同我们睡在一起，我们都为停放在邻室的冰冷而苍白的天使痛哭。可爱的小女儿在我们生活上最穷困的时期死去了。我们的德国朋友们这时候无力帮助我们。……我迷惘地跑到一个住在附近、不久前曾拜访过我们的法国流亡者那里，求他接济我们。他立刻极友善而同情地给了我两英镑。这样才付清了小棺材的钱，现在可怜的孩子安然地躺在里面。小女孩出世时没有摇篮睡，而死后也好久得不到小棺材。当我们把我们的小女儿送进坟墓

---

① 《马克思恩格斯全集》第27卷，人民出版社1972年版，第162页。

② ［法］保尔·拉法格等著：《回忆马克思恩格斯》，人民出版社1957年版，第147页。

时，我们是多么伤心啊！"①

在小弗兰契斯卡夭折三年之后，马克思和燕妮最心爱的大儿子埃德加尔患了遗传性的结核病。尽管父母双亲精心照料，仍没能够拯救孩子的生命。埃德加尔死时已经九岁了，父母把他抚养这么大该付出了多少心血啊！这孩子聪明伶俐，惹人喜欢，是家中的佼佼者。他的死是对父母最沉重的打击。在孩子病危的最后几天，马克思写信对恩格斯说："由于精神上的刺激，我的妻子一星期以来比任何时候都病得厉害。我心里难过极了，头像火烧一样，当然，我应当顶住。孩子在病中没有一分钟改变他那独特的、温和的、同时又是独立的性格。"②

一个星期之后，马克思在信中告诉恩格斯说："可怜的穆希（埃德加尔的绰号。——引者）已经不在世了。今天五、六点钟的时候他在我的怀中睡着了（真正睡着了）。我永远不会忘记，你的友谊在这个可怕的时刻怎样减轻了我们的痛苦。我对孩子有多大的悲伤，你是理解的。我的妻子向你致最友好的问候。如果我到曼彻斯特去，可能带她一起去一星期……无论如何要设法帮助她度过最初的一段日子。"③

那时流亡在伦敦的威廉·李卜克内西常到马克思家中去，他目睹了穆希的死对马克思一家的可怕打击。他写道："我现在还记得孩子病入膏肓时那几个令人凄惨的星期。……他非常有天才，但是可惜从一生下来就是一个虚弱的孩子。这个可怜的孩子的眼睛十分可爱，头脑非常发达，这样的头脑对他

---

① ［法］保尔·拉法格等著：《回忆马克思恩格斯》，人民出版社1957年版，第149页。

② 《马克思恩格斯全集》第28卷，人民出版社1973年版，第440页。

③ 同上书，第441页。

那软弱的身体来说是太沉重了！""我永远也忘不了这个景象：母亲伏在死了的孩子身上啜泣；琳蘅站在一旁呜咽；非常激动的马克思断然拒绝任何安慰；两个女孩子低声地哭着依偎在母亲身旁……悲哀万分的母亲痉挛地抱着女孩子们，好像要把她们同自己化为一体，保护她们不再被攫去她儿子的死神夺走。"①这就是当时令人不忍目睹的惨状。长子的死给马克思的家庭又蒙上了一层浓厚的阴影。

马克思在给恩格斯的另一封信中写道：燕妮"起码这几天必须换换环境"，"亲爱的孩子曾使家中充满生气，是家中的灵魂，他死后，家中自然完全空虚了，冷清了。简直无法形容，我们怎能没有这个孩子。我已经遭受过各种不幸，但是只有现在我才懂得什么是真正的不幸。我感到自己完全支持不住了，从埋葬他那天起我头痛得不得了，不能想，不能听，也不能看"②。

三个月之后，马克思的家仍然充满了悲伤。马克思写道："妻子还是非常痛苦。对心爱的不幸的孩子的怀念折磨着她，他的姐妹们嬉戏时，她也感到难过。这样的创伤只有随着时间的推移才能慢慢愈合。就是对我说来，这种损失也仍然像第一天那样历历在目，所以我懂得妻子的痛苦。"③

马克思家的不幸还在继续着。1857年7月，燕妮又分娩了。孩子没有生存能力，生下来就死去了。这个死婴给父母留下的印象是可想而知的。特别是对母亲来说，还有什么比失去了这

①　[法] 保尔·拉法格等著：《回忆马克思恩格斯》，人民出版社1957年版，第59～60页。

②　《马克思恩格斯全集》第28卷，人民出版社1973年版，第441～442页。

③　同上书，第449～450页。

么多的孩子更可怕的呢？在那样的岁月里，又有多少个母亲像她这样经历了这么多的不幸呢？几个孩子接连死去，像一把把刀子戳在燕妮的心上，但是，不幸终归会有尽头。诚如她自己所说的，"世界属于勇敢的人"。面对不幸，需要坚强、坚强、再坚强。不幸的后面不会没有光明，而只有勇敢坚强的人才能迎来光明！

爱情的倾诉

　　贫困的生活，孩子的去世，给马克思和燕妮带来了极度的痛苦。但是，这些痛苦并没有把他们压垮。燕妮说过："痛苦可以锻炼一个人，而爱则给我们以支持。"这个爱，既有对无产阶级革命事业的爱、对美好人生的爱，也包括他们相互间的爱。

　　我们已经知道，马克思和燕妮青年时代的爱情是令人羡慕的。婚后的生活尽管在漂泊流亡和穷困中度过，又经历了孩子连续死亡的巨大痛苦，但青年时代培育的爱情之花却常开不败。而且，正因为他们在罕见的苦难生活中互相体贴、关怀、勉励和帮助，这爱情之花愈开愈艳丽。1856年6月21日，马克思写给燕妮的一封信①，就是他们婚后爱情的颂歌。

　　1856年5月下旬，燕妮带着三个女儿——小燕妮、劳拉和爱琳娜回德国，到故乡特里尔去探望身患重病的母亲。不久，她慈爱的母亲就去世了。马克思这时住在曼彻斯特的恩格斯那里，这是他们婚后第一次较长时间的分离。在燕妮离开后一个月，马克思从曼彻斯特写了一封长信给远在特里尔的燕妮。他在信的开头叙述了离别后的孤独和对燕妮留下的照片所产生的"狂热的崇拜"，他写道："因为我孤独，因为我感到难过，

---

① 《马克思恩格斯全集》第29卷，人民出版社1972年版，第512～517页。

马克思与大女儿燕妮

马克思的大女儿燕妮·马克思

马克思的二女儿劳拉·马克思

马克思的小女儿爱琳娜·马克思

我经常在心里和你交谈。"看着你的照片，"你好像真的在我的面前，我衷心珍爱你……事实上，我对你的爱情胜过威尼斯的摩尔人的爱情。"威尼斯的摩尔人，即莎士比亚名剧《奥赛罗》中的男主角奥赛罗。他是一名大将军，驰骋疆场，出生入死，为威尼斯共和国建立过煊赫的功勋。他对威尼斯贵族小姐苔丝德蒙娜怀着纯洁的爱情，在他看来，苔丝德蒙娜体现了完美无缺的人性的美，因而把她看作是他美好的人生理想的支柱。他们之间的这种爱情，在马克思那个时代被人们视为男女爱情的典范。马克思和燕妮都很推崇莎士比亚，因而常常引用他的名剧中的人物和台词。

马克思继续写道："深挚的热情由于它的对象的亲近会表现为日常的习惯，而在别离的魔术般的影响下会壮大起来并重新具有它固有的力量。"

这封像蜜一样甜的信，无疑是马克思内心世界的剖白。马克思作为无产阶级的伟大导师，也是生活在尘世中的活生生的普通人。他同我们每一个人一样，也有血、有肉、有感情、有性爱。他经常喜欢引用一句著名的拉丁格言来说明他自己是人，而不是什么神。这句格言就是罗马喜剧作家普卜利乌斯·忒伦底乌斯的喜剧《自我折磨者》中所说的，"人所具有的，我都具有"。马克思在后来欧洲风行一时的所谓对一些问题的回答的《自白》中说，这句拉丁格言是他最喜爱的格言。在这封信中，他继续倾诉自己的爱情，写道："诚然，世间有许多女人，而且有些非常美丽。但是哪里还能找到一副容颜，它的每一个线条，甚至每一处皱纹，能引起我的生命中的最强烈而美好的回忆？甚至我的无限的悲痛，我的无可挽回的损失（指儿子埃德加尔的死亡。——引者），我都能从你的可爱的容颜中看出。"针对资产阶级庸人们对他的一系列诋毁，马克思还写道："无数诽谤我、污蔑我的敌人中有谁曾骂过我适合在某个二流戏院扮演头等情人的角色呢？但事实如此。要是这些坏蛋稍微有点幽默的话，他们会在一边画上'生产关系和交换关系'，另一边画上我拜倒在你的脚前。请看看这幅画，再看看那幅画，——他们会题上这么一句。但是这些坏蛋是笨蛋，而且将永远都是笨蛋。"奔放的感情，俏皮的文字，马克思对愚蠢的敌人作了最尖刻的挖苦。马克思收住了他的笔，告别燕妮说："再见，我的亲爱的，千万次地吻你和孩子们。"

马克思倾吐了他那像火山爆发一般的爱情。在这里，既没有什么掩饰，也没有任何矫揉造作。这是他和燕妮二十年爱情生活的结晶。正是这样炽烈、深沉的爱情，使他们获得了生活的力量。他们的小女儿爱琳娜谈到父母的爱情生活时写道："整整的一生中，不论在幸福的时刻或在困苦的日子里，爱情和友谊始终联系着他们，他们从不知道动摇和疑虑，他们互相忠实到生命的最后一刻，甚至死亡也未能使他们分开。""马克思一生中不是普通地爱而是炽热地爱他的妻子。我这里有一封他的情书，信中燃烧着那样炽热的爱情，就像十八岁青年写的情书一样，其实马克思在1856年写这封信时，燕妮已经是六个孩子的母亲了。"①爱琳娜说的这封"情书"，就是上面提到的那封信。爱琳娜对她亲爱的父母的爱情作了这样的评价："没有燕妮·冯·威斯特华伦，那么卡尔·马克思也就不成其为马克思，这绝不是夸大。两个生命（两个卓越的生命）能结

---

① ［法］保尔·拉法格等著：《回忆马克思恩格斯》，人民出版社1957年版，第292～293页。

合得如此紧密，互相取长补短，的确是见所未见的。"[1]这个评价是对革命爱情力量的充分肯定，是对她父母崇高的爱情关系的深刻总结。

---

① ［法］保尔·拉法格等著：《回忆马克思恩格斯》，人民出版社1957年版，第289页。

压在贫困底下的笑声

　　马克思和燕妮虽然受尽了贫困和不幸的折磨，但是他们的家庭生活却并不总是灰暗的、阴郁的。当时的亡命者威廉·李卜克内西说过：对付残酷的贫困，只有一个唯一的办法，那就是笑；谁要是因为穷而郁郁不乐，那就是贫困已经把他抓住，把他吞噬下去了。

　　一面身受贫困的重压，一面还发出朗朗的笑声，这对许多人来说是不可思议的。但是，马克思和燕妮面对极度的贫困，却保持了革命的乐观情绪，没有被贫困压垮。他们的女儿爱琳娜对于父母的乐观情绪有着清晰的记忆。她写道："我以为，他们无限的乐观情绪差不多和他们对工人事业的忠实一样使他们紧密地结合在一起，谁都不像他们那样爱开玩笑和说俏皮话。""我经常看到这样的情形，在特别要求保持一定的礼节和严肃气氛的时候，他们两人却笑出了眼泪，使得那些原来想对这种不拘礼节皱眉的人，也不得不和他们一同笑起来。我也常常看到，有时候他们彼此不敢面对面地看一下，因为他们知道，只要目光一接触，就会忍不住大笑起来。有时候他们就像小学生似的，竭力忍住笑，尽量避开对方的目光，故意看别的东西，可是结果还是忍不住大笑起来……无论在苦难，斗争，或是失望的时候，他们总是快乐的一对。"①

　　父母的乐观的天性，使贫困的家庭也能生趣盎然。他们很疼爱孩子，努力为孩子们创造一切有利于身心健康成长的良好条件。19世纪40年代出生的长女小燕妮和次女劳拉是两个较大的孩子。格维多·弗兰契斯卡和埃德加尔的先后去世，虽然给家庭带来了巨大的痛苦，但小女爱琳娜的出世，又给家庭增添了生气。这三个孩子都非常可爱，马克思和燕妮既是她们的父母，又是她们的朋友。长幼的界限几乎消除了，家庭成员之间是平等的。大人和孩子都有一些绰号。他们之间往往不称呼名字，而呼唤绰号，这也给家庭带来一种异常亲昵的气氛。马克思由于脸面黝黑和头发、胡须乌亮，被孩子们叫作"摩尔"。"摩尔"来自希腊文，泛指黑皮肤的人。"摩尔"几乎成了马克思的正式名字，不仅家里人这样叫他，亲密的友人也这样称呼他。恩格斯同马克思几十年的通信中，经常这样称呼他，体现了他们之间极其亲密的关系。恩格斯后来对一个朋友说："假使我对他用另一种称呼，他就会以为我们之间发生了什么需要和解的事情了。"②此外，孩子们还叫他"老尼克""山神""魔鬼"等等。妈妈燕妮被亲热地称呼为"妈咪"。孩子们的绰号，有些是根据她们的特征，有些是根据她们的想象而来的。小燕妮叫"中国皇帝奎奎"和"狄"。劳拉被叫作"卡卡杜"（即白鹦鹉之意，来源于古代小说中一个时装裁缝的名字。因为劳拉善于修饰，穿着总是非常雅致）或"白鹦鹉"。爱琳娜则有好几个绰号，例如"杜西""中国王子古古"和

---

　　①　［法］保尔·拉法格等著：《回忆马克思恩格斯》，人民出版社1957年版，第290页。

　　②　《马克思恩格斯全集》第35卷，人民出版社1971年版，第464页。

马克思在阅读莎士比亚作品（中国画　甘正伦　王庆明）

"矮子阿尔贝利希"。

父母是孩子们理想的游伴。在工作之暇，或散步的时候，马克思和孩子们一起大呼小叫地玩耍。孩子们喜欢和父亲玩骑马或马拉车的游戏。在孩子们的眼里，父亲是一匹出色的"马"。爱琳娜回忆她童年时的恶作剧说："我骑在他的肩上，把手放在他那稍带斑白的鬃毛上，兴高采烈地沿着我们的小花园和我们在格拉弗顿坊住宅四周的、在当时还没有建造房屋的空地上奔驰。"①此外，马克思还是一个了不起的讲故事的能手。他一面散步，一面给孩子们讲些离奇古怪的故事。这些故事有的出自文学名著，如《一千零一夜》《尼贝龙根之歌》《堂吉诃德》和《荷马史诗》等；有的则是马克思自己编的。这些故事不以章节来分段，而以散步的里程来计算。在星期日郊游的路途中，马克思边走边讲，走完一里路后，孩子们总是要求再讲一里路的故事。有的故事，马克思往往故意拉长，使孩子们忘掉路途中的疲劳。有的故事一个月一个月地讲下去，一直没个完，使孩子们听得出神入迷，就像马克思自己的童年时代，燕妮的父亲给他们讲故事时的情形一样。这种讲故事的乐趣，在马克思家里已经成为一代教育一代的传统了。

父母的星期天是属于孩子们的。一到星期天，孩子们就不让父亲工作，这是孩子们难得盼到的假日。在这一天，只要条件许可，父母就陪着她们去进行全家都喜欢的远足郊游。当时伦敦的北郊，有个荒凉的山阜。这是一片丘陵地带，灌木丛生，野花遍地。登上高处，四周美丽的景色尽收眼底，郊游的人们顿时会感到心旷神怡。人们对这里往往流连忘返。每到星

---

① ［法］保尔·拉法格等著：《回忆马克思恩格斯》，人民出版社1957年版，第285页。

期天，游人们蜂拥而至。马克思和燕妮带着孩子们也常到这里来玩。参加过这种郊游活动的李卜克内西对当时的情景有十分生动的回忆。他写道："在汉普斯泰特荒阜度一个礼拜日我们认为是最大的快乐。孩子们要整礼拜地谈论它，就是我们成年人，年老的和年轻的，也喜欢这种遨游。连到那儿去的行程都像过节日一样高兴。女孩子们都是健步者，像猫儿一样轻快而不知疲倦。"到达荒阜以后，先找个地方野餐，然后大人们读报纸和谈论政治问题，孩子们找到玩伴，在小树丛里捉迷藏。参加郊游的客人们举行赛跑、角斗、投石头和其他运动。马克思有时也参加进来。"有一个礼拜日我们在附近发现了一棵果实已熟的毛栗树。'让我们看谁打下来的最多'，有人叫道。大家一声欢呼便干起来了。摩尔像个疯子一样，可惜从树上打毛栗子他不是能手。不过他也像我们大家一样，毫不倦怠。直到最后一颗毛栗子也在胜利的狂叫中到手后，我们才停止了'轰炸'。后来，马克思有一个多星期右臂痛得不能动。"在郊游的归途中，孩子们虽然玩累了，但有时还唱唱歌、跳跳舞。大人们则规定"不许谈政治，也不许谈流亡者的困苦。我们对于文学和艺术却谈得很多，这时马克思就有机会显示他那惊人的记忆力了。他会成段地背诵《神曲》，这本书他几乎都背得出。还一场一场地背诵莎士比亚的剧词，这时，对莎士比亚深有研究的夫人就常常替代他……"①

孩子们渐渐长大之后，马克思和燕妮竭力让孩子们受到良好的学校教育。当时上学的费用很高，但即使债台高筑，父母也设法让孩子们入学。在恩格斯和其他友人的帮助下，两个大

---

① ［法］保尔·拉法格等著：《回忆马克思恩格斯》，人民出版社1957年版，第62~66页。

孩子进了女子中学；毕业之后，还选修了专科学校的个别课程。其间，有时也因交不起学费或没有入学所必需的衣服鞋帽而不得不辍学。在学校里，这两个孩子的学习成绩一直优秀，常常获一等奖。除了学校规定的功课之外，还让她们学法文、意大利文、绘画和音乐。燕妮在1861年给朋友的信中介绍孩子们的学习情况时说："她们的英文能够运用自如，法文学得非常好，意大利文可以看懂但丁的作品，西班牙文也懂一些。只有德文怎么也学不好，虽然我时刻尽力和她们讲德文，她们总是不喜欢学，就是我拿出做母亲的威严和她们对我的尊敬也无济于事。燕妮具有特殊的绘画天才……劳拉对绘画很不用心，所以我们罚她不叫她再学了。然而她对弹钢琴却很专心，和姐姐合唱德文和英文歌曲非常动听。可惜她们很晚才学音乐，大约一年半以前才开始。因为这笔开支是我们力所不及的，况且我们没有钢琴，就连我们现在这个租来的钢琴也真可以算是一堆废铜烂铁。"①

由于父母同贫困进行了坚韧不拔的斗争，孩子们才接受了中等教育。她们既有聪明的天资禀赋，又有刻苦的学习精神，还有良好的家庭教育，这些使她们获得了一般孩子所达不到的文化修养和多方面的才能。

---

① ［法］保尔·拉法格等著：《回忆马克思恩格斯》，人民出版社1957年版，第278～279页。

《福格特先生》

燕妮的母亲去世后，燕妮和她的弟弟埃德加尔分得了一笔不大的遗产。

燕妮的异母长兄裴迪南对家族留下的遗产表现出贪婪的野心。在清理他们伯父的遗物时，他就企图把他们祖父留下来的具有重大经济价值的有关普鲁士历史战争的书信和手稿攫为己有。他不给这些文稿估价，拒不开一份可信的清单给燕妮，还对燕妮撒谎说，这是些残缺不全的、毫无用处的纸头，没有真正文献的价值。然而不久，他却将祖父遗留下来的这部文稿公开出版了，并且写了一篇"序言"。

在这篇"序言"中，裴迪南不仅把自己写成这个家族的唯一继承人，祖宗的虔诚的孝子贤孙，而且肆意地贬低他的生父，藐视他的继母。对燕妮来说，这比占有她应分得的那份文稿遗产更不可容忍。在燕妮看来，她的父亲仁慈、高尚、宽宏大量，对孩子们尽到了父道；她的母亲是她的父亲一生的幸福，"她以那样的忠忱、爱和牺牲精神抚爱和照料不是她亲生的子女，这种感情连亲生子女也往往未必能享受到"[1]。裴迪南对父母不敬不孝，对弟妹们不亲不义，他千方百计地为自己独吞祖父的文稿遗产进行狡辩。

---

[1] 《马克思恩格斯全集》第29卷，人民出版社1972年版，第642页。

燕妮尽管没有从祖父的文稿遗产中分到自己应得的一份，但在19世纪50年代后期，燕妮家庭的物质生活一度还是有所改善。她利用从母亲那里得到的一笔遗产在美丽的汉普斯泰特荒阜附近租了一所较为宽敞的小房，从当铺里赎回了衣服、被褥和其他一些贵重东西，过了一阵子比较舒心的生活。不过这一好景没有持续多久，贫困又侵袭了这个家庭。另外，资产阶级反动政府利用昔日的庸俗民主派又对马克思展开了人身攻击。这一次是由法国皇帝路易·波拿巴——马克思在《路易·波拿巴的雾月十八日》一书中对他进行过无情的揭露——雇佣的密探卡尔·福格特出面发动的。

卡尔·福格特（1817—1895），原来是德国的一个不知名的自然科学家，庸俗的唯物主义者和小资产阶级民主主义者。1849年德国资产阶级革命期间，他先后担任过法兰克福国民议会的议员和帝国的五位摄政之一，企图依靠议会的帮助来获取革命的胜利。但是，革命失败后，他逃离德国，堕落为路易·波拿巴的密探，专门对流亡的德国无产阶级革命家进行造谣攻击。19世纪50年代末，争取德意志民族统一的斗争出现了高涨的趋势，马克思分析了德国各阶级、各阶层之间的相互关系，认为只有通过人民的革命运动来反对封建的普鲁士王朝和容克地主，才能把德国建成一个真正统一的、民主的民族国家。根据19世纪40年代末期革命的经验，要进行这样的革命斗争，必须由工人阶级来充当领导力量。这样，在德国重新组建无产阶级政党，进一步发展工人运动，就成为一个十分重要的任务。

马克思的这一主张，遭到觊觎德国的路易·波拿巴和竭力维护封建专制制度的普鲁士容克贵族的坚决反对和大肆攻击。

他们害怕革命，因而咬牙切齿地仇恨宣传革命的马克思。流氓皇帝路易·波拿巴利用他以四万法郎的重金收买的走狗福格特，对马克思进行诽谤。福格特在1859年12月出版了诽谤性的小册子《我对〈总汇报〉的诉讼》，极尽造谣污蔑之能事，把马克思描绘成一个诈骗阴谋集团的头目，说马克思专靠败坏人家的名誉，敲诈人家的钱财为生，还说什么如果他要敲诈的人"在一定的期限内不把一定数目的款项寄到指定地点，就要揭发他们曾经参加过某一革命行动"云云。德国资产阶级的报纸《国民报》在社论中刊载又长又臭的摘录，大肆散布福格特诽谤性的谰言。

福格特的攻击矛头不仅是对着马克思个人，而且是攻击无产阶级革命运动。为了工人阶级的利益，同时也为了个人的声誉，马克思决定对散布福格特诽谤言论的《国民报》，向法院提出控告。但是，普鲁士王国的各级司法机关，直到王国最高法院，都毫无理由地拒绝审理马克思的起诉。它们千方百计地为《国民报》辩护，硬说马克思的控告缺乏"犯罪构成"。在对《国民报》提出起诉的同时，马克思决定写一本抨击性的小册子，回击福格特。经过半年多的时间，马克思完成了题为《福格特先生》的这部论战性著作，该书于1860年12月在伦敦出版。这本书以俏皮的笔锋、雄辩的事实，把福格特的丑恶面目彻底暴露在光天化日之下。恩格斯高度评价《福格特先生》一书，他写信给马克思说："这确实是你迄今为止所写的最好的论战性著作。"①

为了回击福格特一伙的诽谤和攻击，马克思和他的家人都

---

① 《马克思恩格斯全集》第30卷，人民出版社1975年版，第129页。

付出了巨大的代价。为了起诉《国民报》，马克思花了不少的钱；而为了写《福格特先生》一书，他很难抽出时间给报社撰写文章，从而大大地减少了家庭的经济收入。因此，马克思在经济上处于非常困难的境地。他多次地给恩格斯写信告急："我的钱包已经空空的了"，"我一个钱也没有了"，"我已经没有什么东西可以典当"，等等。同时，马克思在这段时间内还肝病缠身，讨厌的病有时使他完全不能写作。马克思对福格特一伙的斗争，就是在这样十分困难的条件下进行的。恩格斯从各方面给了马克思以巨大的支持和帮助。

福格特卑鄙的攻击和诽谤，给十分珍惜自己丈夫名誉的燕妮带来了难以用言语形容的痛苦，这些恶毒的流言使她在许多夜里不能成眠。她支持丈夫写书揭露福格特，她忍受着内心的痛苦，埋着头用飞快的速度，不知疲倦地替丈夫誊写书稿。高度紧张的工作，内心的焦躁不安，使她那被长期的贫困和不幸所折磨的身体支持不住了。当她替丈夫抄完最后一页手稿的时候，凶恶的天花使她倒在病床之上。她虽然种过两次牛痘，但虚弱的身体已抵抗不住传染病的侵袭。马克思一家陷入了可怕的状况之中，孩子们需要隔离，病人需要照顾，治病需要钱，沉重的担子压在了马克思肩上。

由于燕妮患的是传染病，孩子们需要找地方进行隔离。到哪儿去呢？李卜克内西慨然提出让孩子们到他家里去住，于是小燕妮姐妹就暂时寄住在他家里。孩子们十分想家，尤其惦念患病的妈妈，马克思不时派人给她们送些食物去。有一次，马克思从李卜克内西家旁走过时，小女儿爱琳娜就从窗户里向他喊道："喂，老伙计！"这时，马克思的心情真是难以用言语来表达的！

马克思自己冒着被传染上天花的危险，亲自担负着看护的主要任务。他日夜守护在燕妮的病榻旁边，万分忧虑，疲劳不堪。燕妮忠实的朋友琳蘅也留在家里，跟马克思一起看护燕妮。经过一个多月精心的、体贴入微的护理，燕妮终于战胜了病魔，基本上恢复了健康。

燕妮还没有完全康复，马克思就病倒了，他的慢性肝病转成了急性的。

马克思病愈后，忠实的琳蘅又病倒了。

在这段时间里，马克思和他的一家真是遭到了一次多方面的、灾难性的打击。燕妮在1861年给友人的信中描述当时的情况说："去年这一年我们倒霉透了，'四面八方'都卑鄙地攻击我们，所有德国的、美国的和其他报刊都进行了无耻的活动。你一定想象不到，这件事使我们有多少不眠之夜和忧虑。""我刚刚抄完这本书（指《福格特先生》一书。——引者）的手稿（当本书还正在付印的时候），忽然感到很不舒服，开始发高烧，不得不去请医生。""我的病越来越沉重，出现了可怕的天花的征候。我受了很多很多苦。脸上像火烧一样疼痛，整晚都失眠。体贴入微地照料着我的卡尔担忧万分，最后，我失去了一切感觉，但神智一直是清楚的。……我几乎不能吃东西了，听觉愈来愈迟钝，后来眼睛也闭上了，我不知道是不是长眠的时刻已经来临！""由于细心的亲切的照料，我的身体终于战胜了病魔，并且已经完全复原了……可怜的孩子们直到圣诞节才回到了她们深深怀念着的家里。第一次会面的情景是难以描绘的。孩子们看到我非常激动，几乎忍不住要流下泪来。""我还没有离开病床，我亲爱的卡尔又病倒了。过度的惊恐，各种忧虑和悲伤使他再也支持不住，他的慢性肝脏病初次转成了急性。谢天谢地，受了四个星期的折磨，他总算好了。……为了医治这个最可怕的病又花去了许多钱。总之，我们这个冬天是怎样过的，你也就可想而知了。"①

政治上的诽谤和攻击，经济上的严重困难，可怕的疾病的侵袭，所有这些给马克思和燕妮带来了愤懑、忧虑和痛苦；但使他们唯一感到安慰的是：他们的斗争成果——《福格特先生》一书终于写成和出版了。该书在伦敦问世时，燕妮还没有摆脱可怕的天花的折磨，她以惊人的毅力，支撑着重病的身体，用因病而不能全部睁开的眼睛，兴奋而激动地读着这本书。她自

马克思与恩格斯的雕像

己回忆说："虽然眼睛半瞎（指因患严重的天花，她的眼睛几乎睁不开。——引者），我还是读完了《福格特先生》一书。"②

同志们和朋友们对《福格特先生》一书的赞许，使燕妮感到极大的欣慰。马克思在给恩格斯的信中说："如果鲁普斯

① ［法］保尔·拉法格等著：《回忆马克思恩格斯》，人民出版社1957年版，第279～281页。

② 同上书，第153页。

（即威廉·沃尔弗。——引者）一啃完这本书就亲自写几行给我，我将很高兴。我妻子最大的快乐就是看这方面的信。"①燕妮在给友人的信中也说："你很喜欢这本书使我非常高兴。你对它的评价几乎和我们其他朋友的意见一字不差。出版界故意只字不提，自然就使这本书不能像我们有把握地期待着的那样畅销。但是这有什么关系呢，对我们来说，书能得到所有知名之士的称赞已经足够了。甚至反对者和敌人也承认这本书是非常有意义的。"②

---

①　《马克思恩格斯全集》第30卷，人民出版社1975年版，第122页。

②　[法] 保尔·拉法格等著：《回忆马克思恩格斯》，人民出版社1957年版，第280页。

友谊需要谅解

在马克思的家庭陷入困境的同时，恩格斯也遭到了意外的不幸。这次不幸差一点导致这两位亲密无间的战友的友谊产生裂痕。

事情是这样的。1863年1月6日夜间，恩格斯的夫人玛丽·白恩士因心脏病发作突然去世，这给恩格斯以特别沉重的打击。玛丽·白恩士是恩格斯在1842年从德国来到曼彻斯特后认识的一位女工。她是爱尔兰人，在一家纺织厂做工，比恩格斯小一岁，她性格爽朗，待人诚恳质朴，热情大方。由于她身受双重压迫——既是一个被压迫民族的后裔，又是一个工人血统的女儿，因而对英国统治阶级怀着双重的仇恨：民族仇恨和阶级仇恨。玛丽的革命精神像磁铁一样吸引住了正在探索革命真理的恩格斯，唤起了他对被压迫人民的深切同情，增强了他献身工人阶级解放事业的决心。在玛丽的带领和陪同下，他常常去曼彻斯特的"小爱尔兰区"——爱尔兰工人在曼彻斯特的聚居地，访问工人们的家庭，参加工人们的活动，深入地考察他们的劳动和生活状况。这样，恩格斯对资本主义社会的罪恶本质有了深刻透彻的认识，从而写出了科学社会主义的光辉著作《英国工人阶级状况》，在这以后，他就深深地爱上了玛丽。

恩格斯的这个选择，对许多人来说也是不可理解的。因为按照恩格斯的条件，论家庭出身之富，论经商职业之需，论社交范围之广，他完全可以在资产阶级上层社会物色一个"门当户对"的阔小姐，结成"美满姻缘"。可是，恩格斯却没有这样做。他把爱情献给了一个一无所有、目不识丁的纺织姑娘，同她长期地共同生活在一起。1850年以后，恩格斯在曼彻斯特从事"鬼商业"，过着难以忍受的"双重生活"。他痛恨资本主义，但是又不得不充当资本家的代理人，同各式各样的资本家们周旋应酬，他对这种生活厌恶透了。由于有了玛丽温柔的爱情，回到她的身边时，恩格斯才能摆脱世俗的一切纷扰，避开上层社会的各种肮脏事情，得到安静和休息，并和革命同志会晤。因此，恩格斯在向马克思报告玛丽去世的噩耗的信中写道："我无法向你说出我现在的心情，这个可怜的姑娘是以她的整个心灵爱着我的。"[1]

可是，恩格斯的巨大悲痛没有得到马克思应有的回应。马克思当时正在为家庭陷入经济上的困境（债主都上门逼债，有权估价或变卖因欠债而被查封的家产的官吏——评价员正坐在他家里）而烦恼，心情很不好。他在回信中对恩格斯的不幸遭遇只说了平平淡淡的几句话，然后就讲了一通自己面临的窘况：如果得不到一大笔钱，他的全部家业就连两个星期也维持不住了。马克思也考虑到在这样的时候向他不幸的朋友"谈这些可恶的事情"，"真是太自私了"。但是马克思说，除了恩格斯以外，他"就没有一个人可以倾诉衷肠"[2]。

正如马克思所预感到的，这封信使恩格斯非常生气。恩格斯怎么也没有想到他的挚友竟会是这样"冷冰冰的态度"。他

---

① 《马克思恩格斯全集》第30卷，人民出版社1975年版，第308页。
② 同上书，第309页。

打破了同马克思几乎是每天通信的惯例，有意识地拖了几天才写回信。他直言不讳地批评马克思说："我的一切朋友，包括相识的庸人在内，在这种使我极其悲痛的时刻对我表示的同情和友谊，都超出了我的预料。而你却认为这个时刻正是表现你那冷静的思维方式的卓越性的时机。那就听便吧！"①

马克思知道自己对这件事的处理不当，信一发出就后悔了。他绝不是对恩格斯的遭遇冷酷无情。他在复信中坦白地承认了自己的过错，并再次说明他对玛丽的逝世感到异常悲痛。他写道："我的妻子和孩子们都可以作证：我收到你的那封信（清晨寄到的）时极其震惊，就像我最亲近的一个人去世一样。"②在随后的一封信中他还谈到了燕妮异常悲痛的情景："那天早上，我的妻子为玛丽和你的损失哭得这样厉害，以致完全忘记了她自己的痛苦，而这种痛苦正是在那一天达到了顶点。"③

恩格斯对马克思的真诚坦率表示欣慰和谅解。他回信说："对你的坦率，我表示感谢。你自己也明白，前次的来信给我造成了怎样的印象。同一个女人在一起生活了这样久，她的死不能不使我深为悲恸。我感到，我仅余的一点青春已经同她一起埋葬掉了。我接到你的信时，她还没有下葬。应该告诉你，这封信在整整一个星期里始终在我的脑际盘旋，没法把它忘掉。不过不要紧，你最近的这封信已经把前一封信所留下的印象消除了，而且我感到高兴的是，我没有在失去玛丽的同时再

---

① 《马克思恩格斯全集》第30卷，人民出版社1975年版，第310页。
② 同上书，第312页。
③ 同上书，第317页。

失去自己最老的和最好的朋友。"①马克思读了恩格斯的这封信后如释重负。他写信给恩格斯说："现在我也可以坦率地告诉你，尽管最近这几个星期我受尽了一切压抑，但是再也没有比担心我们的友谊发生裂痕的忧虑那样使我感到沉重。"②由于恩格斯和马克思两人的相互谅解，他们一生中所发生的仅有的这一次龃龉，很快地就消除了。

恩格斯和马克思都不是心胸狭隘的人。恩格斯尽管遭到了不幸，还在生马克思的气，但仍然对在经济上处于困境的马克思伸出援助之手。那时，马克思又陷入了十年前的那种走投无路的地步。马克思征得了燕妮的同意，准备到法庭上宣告破产，把全部家具用以偿付给在法院控告他的房东，再向其余的债主说明自己是无支付能力的债务人，准备承受自毁信誉的后果。另外，他打算让两个大女儿去当家庭教师，把跟随他们多年的琳蔷安置到别人家工作，然后他和燕妮带着爱琳娜搬到专为贫民建造的简易楼里去住。恩格斯知道马克思的这个破产计划时，尽管手头上没有现款，但为了拯救马克思一家，他毅然采取了一次非常冒险的举动，一下子弄到了一百英镑。这笔钱如同救星一样使马克思全家欢腾起来了。马克思十分感激地对恩格斯说："我很清楚地理解，你用这种办法给我如此巨大而意想不到的援助，是多么冒险。我简直无法表达对你的感激，虽然在我内心深切地感受到你的友谊是多么富有自我牺牲精神，而不需要再来证明。不过，如果你看到我的孩子们那种欢乐的情景，那对你来说就是最好的补偿。"③

---

① 《马克思恩格斯全集》第30卷，人民出版社1975年版，第314页。

② 同上书，第316页。

③ 同上。

马克思、恩格斯同马克思的三个女儿1864年摄于伦敦

马克思和燕妮对恩格斯的境遇也很关心，玛丽去世之后，恩格斯身边没有更亲近的人了。马克思接连写了几封信询问恩格斯对生活的安排情况。恩格斯由于受刺激太深，心情十分沉重，又不愿意向别人诉说苦衷，所以长时间没有给马克思写信，这使马克思和病中的燕妮焦急不安。马克思深情地写道："回答吧，老伙计，如果你心里有什么疙瘩，那就像个男子汉那样坦率地说出来；你要相信，世上没有一个人这样真心地关切你的忧乐，除了你的摩尔。"①在最亲密的战友的催促下，恩格斯当天就回了信。他们又恢复了以往那样密切的通信联系。

———————

① 《马克思恩格斯全集》第30卷，人民出版社1975年版，第324页。

同拉萨尔决裂

1864年8月30日，在日内瓦市郊的一片树林里，一场决斗开始了。枪声响后，一个绅士模样的中年犹太人倒下了，这就是拉萨尔。他从德国来到瑞士，过着放荡不羁的生活，疯狂地追求巴伐利亚公使的女儿，同这个女子的未婚夫发生了冲突，进行决斗。他腹部中弹，第二天身亡。死讯传到了在英国的马克思和恩格斯那里，他们一方面对这个跟他们不太融洽、不能同他们一起走的死者表示哀悼和惋惜，另一方面，他们严厉地批判了他在品德上、在著作里和在实践活动中的许多缺点和错误，尖锐地指出："对我们来说，目前他是一个很不可靠的朋友，在将来是一个相当肯定的敌人。"①

拉萨尔出生在普鲁士一个犹太富商家庭，从小执拗而自负，贪名又图利，为了弄到钱，可以不择手段地欺骗亲属和同学。在大学里，他追随纨绔子弟，穿着华丽时装，出入柏林上层社会的舞会，向资产阶级的太太、小姐们献媚。1848年革命以前，他包揽了一个伯爵夫人的离婚案件，故意耸动视听，提升个人声誉。在 1848—1849年德国革命期间，他怀着个人野心投机革命，参加资产阶级和小资产阶级民主派的政治活动，与《新莱茵报》建立了联系，认识了马克思。革命失败后，他

---

① 《马克思恩格斯全集》第30卷，人民出版社1975年版，第419页。

被捕拘押，监禁了半年。出狱后，马克思和恩格斯希望他能成为一个真正的革命者，多方面帮助他在德国开展革命活动。但是，他却对革命灰心丧气，整天和那个伯爵夫人鬼混在一起，合伙搞投机生意。他对马克思和恩格斯的批评采取两面派手法，一方面声称自己是"马克思的拥护者""马克思的忠实学生"，利用马克思的声誉，在工人中建立自己的威信；另一方面却秘密地乞求反动政府的大官们，为他出版著作给予方便，大肆宣扬依靠反动国家的帮助来建立社会主义的谬论，为法兰西第二帝国和普鲁士王朝的反动政策辩护。

拉萨尔的野心越来越大。1862年7月，他从柏林来到伦敦，马克思友好地邀请他到家里做客，表现了团结他的真诚愿望。当时，马克思家里的经济十分拮据，为了招待他，燕妮不得不把所有能够拿出来的东西都送进了当铺。可是，他却表现出了极不友好和狂妄的态度。他对马克思的贫困开始佯装不知，后来表示愿意借给一点款，但又顾虑马克思还不起账，非要恩格斯立下书面字据做中介保证人。他对马克思夸夸其谈，说话带着教训人的腔调，极力把自己装成最伟大的学者、最深刻的思想家、最有天才的研究家和拥有绝对权威的德国工人阶级的代表，要求与马克思共同领导工人运动。马克思明确表示不能同意他的许多机会主义观点，批评他不过是德、法统治阶级开明政策的信徒。他却趾高气扬地讥讽马克思太"抽象"，不懂政治。燕妮描述拉萨尔在她家里的表现时写道："他吃力地肩负着学者、思想家、诗人及政治活动家所获得的荣誉。新鲜的桂冠还戴在他的奥林帕斯的英雄头上和芳香的卷发上，或者确切地说，戴在黑人的粗硬的头发上。""他像旋风一样在我们的房间里打转，大喊大叫，指手画脚，而且往往把声音提得很高，我们的邻居被这种不寻常的叫喊吓坏了，跑来打听发生了什么事情。"①他的机会主义主张和自大狂妄，使马克思不能容忍。马克思把拉萨尔的伦敦之行写信告诉恩格斯时说：绝不同他搞政治合作，"因为我们在政治上，除了某些非常遥远的终极目的以外，没有任何共同之处"②。

拉萨尔气急败坏地回到了德国，在机会主义的道路上越滑越远。他权欲熏心，通过许多不正派的手法，使自己当选为全德工人联合会的主席。以奉行"铁血"政策著称的俾斯麦做了普鲁士王国的首相以后，他就积极地与俾斯麦进行秘密勾结，又是写信，又是会谈，胡说工人阶级愿意接受国王的"社会独裁"，乞求国王帮助工人建立合作社；并达成一笔政治交易，如果俾斯麦同意施行普选权，他就代表德国工人阶级宣布支持政府对丹麦领土采取的兼并措施。他在工人群众面前，进一步以"伟大的导师""当代最伟大的政治家"自命，利用一切手段制造个人迷信。他发表的一篇又一篇用以表明自己是社会主义理论的"大学者"的著作，除了那些机会主义的谬论之外，一些正确的叙述，几乎是成章成节地抄袭马克思的，有的还是整本剽窃，只是换了个书名和作者的名字。他周游德国，到处演说，摆出非凡的架势，要无产阶级对他这个站在高高云端的"救世主"顶礼膜拜，唯命是从。他还收买一些"文人"为他大写赞美诗，让几百家报纸把他的名字传到穷乡僻壤，企图使千家万户都来歌颂他、祈祷他。拉萨尔的这些所作所为，理所当然地遭到了马克思和恩格斯的痛斥。他们认为，对他再也不

① ［法］保尔·拉法格等著：《回忆马克思恩格斯》，人民出版社1957年版，第156页。
② 《马克思恩格斯全集》第30卷，人民出版社1975年版，第272页。

能宽容了，中断了同他的一切联系。他们后来指出："高贵的拉萨尔愈来愈暴露出是一个卑鄙透顶的无赖"，"是为普鲁士人的利益而背叛整个工人运动"[①]。

拉萨尔死后，他的党徒们忠实地承袭了他的衣钵，在政治上全面地推行拉萨尔主义，在组织上，把全德工人联合会变成了一个纯粹的宗派集团。他们继续制造对拉萨尔的个人迷信，把拉萨尔吹成"半神人"，甚至尊奉为"神仙"，一星期膜拜三次，并声称：不管是谁，只要"企图推翻或者修改拉萨尔所阐述的真理中的哪怕一个字，他就是'人民'的叛徒"[②]。拉萨尔派的这些活动，严重地危害了德国工人运动。他们所控制的地区，没有一丝一毫的革命气味，他们无耻地向俾斯麦献媚，幻想依靠普鲁士政府实行所谓的"社会主义"干涉来改善工人阶级的状况。拉萨尔主义已经成为德国工人运动健康发展的绊脚石。因此，马克思、恩格斯认为必须同它进行坚决的斗争，同它的公开决裂已是不可避免的了。1865年3月，马克思和恩格斯发表声明，不再为拉萨尔派的机关报《社会民主党人报》写稿，从此，决裂就完全公开化了。

马克思同拉萨尔主义的斗争是国际工人运动的一次重大斗争。在这场斗争中，燕妮同在以往历次政治斗争中所表现的一样，鲜明地站在她的丈夫一边，坚决地支持丈夫的正确立场。拉萨尔对燕妮比对马克思要尊重，他对燕妮的才貌赞不绝口。但是，燕妮根据多年的生活经验，对拉萨尔这类风流浪子是十分了解和警惕的。她一点也没被他的虚情假意所迷惑。在他到她家里来做客期间，燕妮也参与了马克思同他的争论。通过争

---

① 《马克思恩格斯全集》第31卷，人民出版社1972年版，第48页。

② 同上书，第139页。

论，燕妮进一步认识到了拉萨尔在理论上十分肤浅，充满政治幻想，自私狭隘，唯利是图，狂妄自大。燕妮曾和马克思一起嘲弄拉萨尔是"开明的波拿巴主义者"，使拉萨尔很恼火。拉萨尔死后，他的党徒们散布流言，故意抹杀马克思和拉萨尔之间的政治原则分歧，把他们之间的斗争歪曲成私人之间的某种利害冲突，还到处宣扬什么拉萨尔生前对马克思总是怀着敬意。燕妮听到这些流言后非常气愤。她给恩格斯写信说：最可笑和最可恼的是，有人"作证说，'拉萨尔也怀着敬意谈到马克思'。拉萨尔——他抄袭我丈夫的一切东西，甚至把弄错的地方也抄上了，他做我丈夫的朋友和学生达十五年——这个人居然也怀着敬意谈到他。那些提出证据说怀有好意的人，只是在最近两年才同拉萨尔结交的，而在此期间，拉萨尔已经完全走上了一条歪道"，这条歪道把他们这些人"引到俾斯麦阵营，引入内阁"。这些人"要拯救他们的拉萨尔"，"只不过是跟在他们的大鼓动家后面亦步亦趋罢了"①。

燕妮对所谓"拉萨尔的学说"作了一针见血的揭露，说"它是对卡尔二十年所制订的学说的无耻的剽窃，再加上他自己的一些完全反动的东西，由此就得出了真理和臆造的极端独特的混合物"②。

燕妮对拉萨尔制造的个人迷信，也进行了猛烈的抨击。她通过对拉萨尔荒诞不经的活动的观察，深刻地剖析了他那专图虚荣的狂妄野心。燕妮认为，拉萨尔天资平庸，不学无术，却妄想当个震惊世界的"伟人"。这种虚荣心驱使着他不能不脱

---

① 《马克思恩格斯全集》第31卷，人民出版社1972年版，第586～587页。
② ［法］保尔·拉法格等著：《回忆马克思恩格斯》，人民出版社1957年版，第157页。

离正直的革命者，生活在一群流氓、无赖、吹牛拍马的阿谀之徒中间，因为只有在这里，他才能听到一片狂热崇拜的颂词，他的灵魂才能得到满足。另外，他的党徒们也需要他这样的人充当"领袖"，为他们呐喊，使他们有出头之日。因此，他们用尽各种办法来蒙蔽工人群众，吹嘘拉萨尔"是人类的主席"，"工人的救世主"。燕妮批判他们的这种无耻行径时指出："他们迷恋于新的救世主，对救世主产生了历史上无与伦比的崇拜。这些分子所散布的神圣气氛麻醉了半个德国。"[1]

拉萨尔及其党徒们制造的个人迷信，对后来的德国工人运动产生了非常恶劣的影响。燕妮同马克思、恩格斯一道，密切地关注着德国工人运动的发展，为"清除拉萨尔的遗臭"进行了不懈的努力。

---

[1] ［法］保尔·拉法格等著：《回忆马克思恩格斯》，人民出版社1957年版，第157页。

《资本论》的秘史

1867年3月27日，马克思的《资本论》第一卷完全脱稿了。恩格斯得知这一喜讯，禁不住为他的朋友欢呼。他向马克思热烈祝贺说："可喜的是，未来终于展现了令人鼓舞的前景。我一直认为，使你长期来呕尽心血的这本该死的书，是你的一切不幸的主要根源，如果不把这个担子抛掉，你就永远不会而且也不能脱出困境。这个一辈子也搞不完的东西，使你在身体、精神和经济方面都被压得喘不过气来。"①

马克思自己也坚信，再过一年，他会成为一个不愁吃穿的人，因为只要能得到几百英镑的收入，就能根本改变他的经济状况。他无限地感激恩格斯的真诚友谊。他说："没有你，我永远不能完成这部著作。坦白地向你说，我的良心经常象被梦魇压着一样感到沉重，因为你的卓越才能主要是为了我才浪费在经商上面，才让它们荒废，而且还要分担我的一切琐碎的忧患。"②

《资本论》第一卷是马克思历时二十五年之久的研究成果。为了写出这本巨著，他呕心沥血，倾注了全部的精力。他翻阅了浩瀚的资料，他读过和做过笔记或摘录的书有一千五百多种，他写的各种手稿、摘录、提纲和札记至少有一百本，凡

---

① 《马克思恩格斯全集》第31卷，人民出版社1972年版，第295～296页。
② 同上书，第301页。

是和政治经济学有关系的学科，他都进行过细心的研究。多年来，无论严冬或酷暑，从清晨到傍晚，他把整个白天的时间几乎都耗费在伦敦大英博物馆的图书阅览室里。没有坚韧不拔的毅力和为科学而献身的精神，这是根本做不到的。但是，马克思的这种精神却遭到了一些自命不凡的"天才"的非难，说他整天钻在书本堆里自寻烦恼。这些流言蜚语在庸人们中间传播着，马克思气愤地痛加驳斥，指出：这些"天才""靠'从天上'掉下来的灵感，当然不需要下这样的工夫。这些幸运儿为什么要用钻研经济和历史资料来折磨自己呢？"他嘲讽这些"天才"不过"是些头脑简单的人！"①

马克思白天在图书馆里紧张地工作，晚上回到家里还要写作到深夜。通宵达旦，废寝忘食，对于他是常有的事。那时，英国资本家为了榨尽工人最后一滴血汗，不顾法律上对工作日的限制，常常驱使工人们在一个工厂或车间下班之后，又到另一个工厂或车间去再干一班，这就是当时盛行的"换班制度"。马克思风趣地说：他搞的也是"换班制度"。英国工厂主把"换班制度"用在工人身上，马克思是把这种制度用在自己身上。他写作《资本论》，为争取工人们的八小时工作制而不倦地斗争；可是他自己写这本书，每天的工作时间往往比八小时工作制还要多出一倍。

长时间的夜间工作，严重地损害了马克思的健康。他的身子原来是非常结实的，人们常常夸奖他有一副强壮的体格，他自己也曾以此为自豪。19世纪50年代以后，他渐渐疾病缠身，起先是肝炎、神经衰弱，后来是胆囊炎、风湿病，特别是身上

① 《马克思恩格斯全集》第27卷，人民出版社1972年版，第582页。

长的可恶的疖和痈，经常复发，疼痛异常，使他常常一连几个星期不能工作。为此，医生多次提出警告，严禁他在夜间工作。但是，他总是不顾疾病，坚持写作，直到《资本论》第一卷出版后，才稍微松了一口气。他在回复一位友人的信时这样写道："我为什么不给您回信呢？因为我一直在坟墓的边缘徘徊。因此，我不得不利用我还能工作的每时每刻来完成我的著作，为了它，我已经牺牲了我的健康、幸福和家庭。……如果我没有全部完成我的这部书（至少是写成草稿）就死去的话，我的确会认为自己是不实际的。"①

《资本论》是马克思长年累月劳动的结晶，同时也包含了燕妮的无数心血。为了能使丈夫尽快地完成这部著作，她也英勇地投入了这场特殊的战斗。本来，在侨居伦敦之后，马克思最初雇请了一个秘书，但由于经济条件急剧恶化，秘书的职务很快由燕妮兼任了。对她来说，操持家务，照顾孩子，为一家人的温饱而忙碌，这副担子已经够重的了。但是，她还必须从事在一些人看来是非常琐碎、单调、乏味的誊写工作。誊写马克思的那些内容极为广泛而字体又极难辨认的手稿，除了她以外，别人还很难胜任。马克思拿出去发表的稿件，几乎没有一篇没有经过她看过。燕妮不辞辛劳，非常乐于担任秘书的职务。她在自述里回顾这段历史时写道："我坐在卡尔小房间里转抄他那潦草不清的文章的那些日子，是我一生最幸福的时刻。"②为了能更好地帮助丈夫，她除了做许多事务性的工作之外，在那样极端困难的条件下，还尽量挤出时间来扩大自己

---

① 《马克思恩格斯全集》第31卷，人民出版社1972年版，第543～544页。

② ［法］保尔·拉法格等著：《回忆马克思恩格斯》，人民出版社1957年版，第148页。

的知识领域。她深入地研究了古希腊唯物主义哲学、德国古典哲学，探讨自然科学的发展，阅读各种著名的文学艺术作品，这使她积累了渊博的学识。她对很多理论问题也有透彻的见解，许多同她接触过的人，无不赞叹她是马克思出色的助手。她渴望《资本论》早日问世，当她从出版商那里听到《资本论》能够较快出版的消息后，满怀喜悦地告诉恩格斯说："看到自己面前摆着这样一大堆誊写干净的稿子，心里是多么高兴啊！我的肩上卸下了一个沉重负担。"①

为了写作《资本论》，燕妮和马克思一起长期地经受了许多的苦难！不用说19世纪50年代那些不幸的岁月了，就是到了60年代中期《资本论》定稿之前，贫困仍然压得他们喘不过气来。燕妮在《资本论》第一卷出版之后给朋友的一封信中写道："请您相信我，恐怕没有一本书是在比这更困难的条件下写成的，我大概可以就此写一部秘史，它将揭示出很多、多到无限的暗自的操心、忧虑和苦恼。如果工人们知道，为了完成这部只是为了他们和保护他们的利益而写的著作，曾经不得不作出多大的牺牲，那末他们大概就会表现出更多的关心。"②马克思家里的困难情况，那时的普通工人们当然不知道，谁能想到：《资本论》这部关于资本——能增值的货币的著作，是在极端缺钱用的情况下写出来的呢？

贫困曾一度迫使马克思不得不改变原来关于不谋求社会职业的决定。1861年美国内战爆发之后，《纽约每日论坛报》停刊了，这使马克思的微乎其微的稿费来源也断绝了，对马克思来说，不能写稿就意味着"失业"。为了一家人的生活，他通

---

① 《马克思恩格斯全集》第31卷，人民出版社1972年版，第595页。
② 同上书，第598页。

过一个表兄弟的介绍，试图到英国的一家铁路营业所去充当雇员；照他本人的说法，做一个"务实的人"。只是由于他的字写得太难辨认，没被公司录用，这对他的家庭来说，也许是一个不幸。但是，如果他真的当上了办事员，那《资本论》也就不知在何年何月才能问世了。

应当指出的是，马克思是忠于自己的事业的，不是任何一种差事，他都愿意去干的。1865年，一个普鲁士政府官员写信给马克思，要他担任《普鲁士国家通报》驻伦敦的金融问题记者，并声称凡是一个想在一生中对德国有所影响的人，就得投靠政府，接着又说什么只要应允，即可马上赴任。这种又打又拉的两手，是普鲁士政府的故伎重演。但是，它遭到了马克思的严厉拒绝，这不是因为他已经摆脱了贫困的厄运，而是因为他不愿意为普鲁士政府服务。他说过：不管遇到什么障碍，我都要朝着我的目标前进，绝不让资产阶级社会把我变成一架赚钱的机器。

皇天不负苦心人，历史是最公正的裁判者。《资本论》第一卷出版之后，尽管资产阶级报刊对它采取窒息扼杀政策，但是它受到了各国的社会主义者和工人们的热烈欢迎，很快被翻译成俄文、法文版，宣传《资本论》的通俗读物也不断出版。《资本论》在欧洲大陆得到了广泛的传播。恩格斯说得好：自从世界上有资本家和工人以来，还没有出版过一本对工人如此重要的书。《资本论》这样普遍地成为各国工人阶级的精神食粮，是对马克思的辛勤劳动和燕妮的巨大牺牲的最高奖赏。

劳拉和拉法格

1868年4月2日，马克思家喜气盈门，宾客满堂。恩格斯在头一天专程从曼彻斯特赶来了。在这个多灾多难的家庭里，这是一个不寻常的喜庆日子。在这一天，马克思和燕妮的次女劳拉，同保尔·拉法格举行结婚典礼。

保尔·拉法格是法国人，时年二十六岁，是个英俊、潇洒、有知识、有教养的青年。他肤色褐黑，体格健壮。这是因为他的祖母是黑人同白人的混血儿，外祖母是印第安人，他本人又出生在古巴，幼年是在拉丁美洲度过的，九岁才回到法国。父亲从前是一个种植场主，家庭经济状况还不错。他是巴黎大学医学院的学生，思想进步，向往革命。因参加国际大学生代表大会反对路易·波拿巴帝国的反动殖民政策，他被学校开除。1865年春天，他作为第一国际巴黎支部的代表来向国际总委员会汇报工作，认识了马克思。他在伦敦住下来，一面继续学医，一面担任国际总委员会西班牙支部的通讯书记。他时常出入马克思的家，逐渐与劳拉产生了爱情。马克思十分诙谐地告诉恩格斯说："起初这个青年对我有些依恋，但是很快就把自己的依恋从老头子移到女儿身上。"①

劳拉比拉法格小三岁，是个非常漂亮又十分端庄的姑娘。

---

① 《马克思恩格斯全集》第31卷，人民出版社1972年版，第250页。

她的妈妈曾把她和她的姐姐小燕妮做过比较，赞美这两个孩子都容貌美丽、心地善良、温柔安详。"劳拉像燕妮一样，身材苗条，举止文雅，但是更开朗、更潇洒、更坦率。她的脸的上半部可以说很漂亮，棕色的蓬松的卷发非常美丽，闪烁着欢乐光芒的可爱的淡绿色的眼睛又很迷人，额部高雅而漂亮。""姊妹俩都可以说是花容月貌，但却不轻浮。"①

　　劳拉十分聪慧。她在学生时代就爱好诗歌，能背诵莎士比亚、歌德、海涅、雪莱、拜伦的著名诗篇，还曾把《浮士德》以及其他德国诗人的作品译成英文。家里人因此称她为"女诗人"。她的一双手非常灵巧，无论干什么事都做得又快又好。她的烹调技术时常受到夸奖，每当琳蘅不在的时候，她就成了"厨娘"，能做出可口的烤饼、蛋糕和调味汁。她料理家务非常麻利，能很快地把零乱的家什收拾得井井有条。正如妈妈所称赞的，由于家庭的需要，她变成了一位能干的当家人。从学校毕业之后，同她的姐姐一样，她也协助妈妈分担父亲的一部分秘书工作。她常陪同父亲去博物馆的图书阅览室，帮助摘录和整理材料。她还按照父亲的吩咐草拟信稿，收发信件，剪辑报刊资料，等等。燕妮跟恩格斯开玩笑说："我想，我的女儿们很快就要使我退休了，那时我就将列入'享受赡养权的人'的名单了。"②有一次，劳拉陪同妈妈在外地疗养时，也曾以开玩笑的口吻写信问爸爸：你大概不曾另聘秘书，不会使我领不到薪水了吧？父亲十分赞赏女儿的工作，在女儿和拉法格订婚之后，父亲就舍不得让未来的女婿从他身边夺走他的"可爱

---

　　①　［法］保尔·拉法格等著：《回忆马克思恩格斯》，人民出版社1957年版，第278页。

　　②　《马克思恩格斯全集》第29卷，人民出版社1972年版，第642～643页。

的私人秘书"。一直到劳拉结婚后离开伦敦为止，马克思都让女儿履行着秘书的职务。

马克思和燕妮对劳拉的婚事是满意的，但是也为女儿的幸福和前途操了不少的心。他们赞扬拉法格是一个漂亮、博学、精力充沛的小伙子，有非凡的医学天才，是一个出色的宣传鼓动家，但是对他的那种狂热的恋爱方式也有些恼火。1866年8月，在拉法格和劳拉初步确定恋爱关系后，马克思给这个被恋爱问题搅得头脑有些昏热的小伙子写了一封长信，谆谆教导他要正确地对待恋爱和婚姻问题。即将做岳父的马克思毫不客气地对未婚女婿说："如果您想继续维持您同我女儿的关系，您就应当放弃您的那一套'求爱'方式。……过分亲密很不合适，因为一对恋人在长时期内将住在同一个城市里，这必然会有许多严峻的考验和苦恼。……在我看来，真正的爱情是表现在恋人对他的偶像采取含蓄、谦恭甚至羞涩的态度，而绝不是表现在随意流露热情和过早的亲昵。如果您借口说您有克里奥洛人的气质，那末我就有义务以我健全的理性置身于您的气质和我的女儿之间。如果说，您在同她接近时不能以适合于伦敦的习惯的方式表示爱情，那末您就必须保持一段距离来谈爱情。"马克思还说："您要是想今天就结婚，这是办不到的。我的女儿会拒绝您的。我个人也会反对。您应该在考虑结婚以前成为一个成熟的人，而且无论对您或对她来说都需要长期考验。"[①]劳拉是个文质彬彬的姑娘，她喜欢拉法格，但始终保持着冷静的态度。过去曾经有一个很有钱的漂亮小伙子如痴如狂地追求她，但她却不喜欢那种过分的热情，拒绝了那个小伙

---

① 《马克思恩格斯全集》第31卷，人民出版社1972年版，第520～522页。

子。这一次，马克思告诫拉法格要把狂热的感情降低到适应他日前所在的英国的风俗习惯，因为劳拉已经变成了道地的英国人，只有这样，他的恋爱才会有美满的结果。这是对拉法格的深切关怀，马克思在努力促成这对年轻恋人的顺利结合。

马克思在信中还询问了拉法格家庭的经济状况。他对拉法格说："您知道，我已经把我的全部财产献给了革命斗争。我对此一点不感到懊悔。相反地，要是我重新开始生命的历程，我仍然会这样做。"①他和燕妮都不是注重金钱的人。但是，由于家中的经济状况不好，父母亲对可爱的孩子们跟着他们遭受贫困的煎熬十分痛心，不愿意再看到孩子将来继续受苦。燕妮后来对人讲：恐怕我们这些老年人没有很多盼头了，只是期望我们的孩子们过得更好一些。当拉法格的父亲对马克思所要了解的经济状况作了明确的说明之后，这门亲事就得到了马克思和燕妮毫无保留的同意。

经过两年的考验，劳拉和拉法格结婚了。拉法格有了巨大的进步。经过马克思的直接教育，他抛弃了原来所信仰的蒲鲁东主义，接受了科学社会主义的理论，成为一个坚定的马克思主义者。同时，他结束了学业，顺利通过了获得医学博士学位的考试，成为皇家外科医生协会的会员。在伦敦住了半年后，劳拉便随同丈夫迁居法国安家。在法国，拉法格一面当外科医生，一面继续从事工人运动，热忱地宣传马克思主义。劳拉和丈夫一起宣传马克思主义和从事工人运动，他们是一对很好的革命伴侣。

---

① 《马克思恩格斯全集》第31卷，人民出版社1972年版，第521页。

恩格斯迁居伦敦

在1869年7月1日这天，恩格斯表现出了从未有过的高兴。头一天，他上完了最后一次班，挥着手杖，哼着小调，回到家里，永远地结束了经商的生涯。他在7月1日同时发出了两封信，寄给最亲爱的两个人——他亲爱的妈妈和亲密的战友马克思，向他们报告他不搞商业了这个大喜讯。他在给妈妈的信中写道："今天是我自由的第一天，我觉得要更好地度过这一天，莫过于立即给你写信。""我刚刚获得的自由使我高兴极了。从昨天起，我已经完全变成另一个人了，年轻了十岁。今天早晨，我没有到那阴郁的城市里去。"[①]他在给马克思的信中，情不自禁地欢呼："好啊！从今天起再不搞可爱的商业了，我是一个自由的人了。""杜西和我今天早晨在田野里作了长时间的散步，以庆祝我这第一个自由的日子。"[②]为了祝贺恩格斯成为自由的人这件事，马克思违反医生的嘱咐，在深夜里喝了"不该喝的一小杯"酒。

恩格斯的"自由"是经过长时期的煎熬和奋斗才获得的。他自从19世纪50年代初来到曼彻斯特的"欧门–恩格斯公司"的办事处以后，就受着经商的长期折磨。琐屑的商业事务几乎吞

[①]　《马克思恩格斯全集》第32卷，人民出版社1975年版，第603～604页、第606页。

[②]　同上书，第309～310页。

弗里德里希·恩格斯

噬了他的全部时间，耗费掉了他一生中最宝贵的年华。他早就
想尽快地结束这种生活，曾几次下决心不干这"鬼商业"了；
但是一想到马克思一家等着他寄钱接济，就又打消了这个念
头，宁肯自己继续忍受这种精神痛苦，也绝不能让贫困把马克思
一家置于死地。60年代初，他的父亲去世之后，他的收入随
着家庭向公司投资的增加而不断提高，这使他能够对马克思提
供更多的帮助。后来，他升为股东，肩负着办事处的部分领导
工作，在公司里具有举足轻重的地位。这时，他就不断地为如
何在有利的条件下退出商业活动而盘算着。他反复考虑的问题
是，退出商业之后的收入能否足够维持马克思一家的生活。经
过同公司总经理一年多的谈判，终于达成了使他比较满意的协
议。他能够得到一笔相当数目的补偿金，以保障他自己和马克
思全家今后的基本生活费用。这样，他就决定在清理完业务之
后，迁居伦敦，恢复"自由的人"的生活。

玛丽逝世之后，恩格斯又组织了新的家庭。新夫人不是别
人，而是玛丽的妹妹莉希·白恩士。玛丽的去世，给恩格斯的
生活带来了极大的痛苦和不便。莉希深深地怀念姐姐，同时无
限地同情恩格斯的处境。她从小在姐姐身边长大，以后又一直
跟姐姐住在一起，长期得到恩格斯的巨大关怀。她跟姐姐一
样，很小就在工厂做工，被剥夺了受教育的机会。但她聪明、
敏锐，能以清醒的头脑和批判的眼光去观察周围的世界，有强
烈的阶级意识和民族意识，是个热情的爱国者，她积极地赞同
恩格斯的革命观点，热心支持恩格斯为之献身的事业，在恩格
斯需要帮助的时候，她毫不犹豫地去帮助恩格斯料理生活。她
对恩格斯由同情到倾慕，进而产生了爱情。恩格斯同对玛丽一
样，也不嫌弃这个没有受过学校教育的工人女子，同她一块

生活了。恩格斯一贯蔑视资产阶级的道德规范和宗教传统观念，这次也没有举行宗教仪式的婚礼。恩格斯对莉希充满了深情。他对朋友介绍说："我的妻子也是一个地地道道的血统的爱尔兰无产者，她对本阶级的天赋的热爱，对我是无比珍贵的，在关键时刻，这种感情给我的支持，比起'有教养的''多愁善感的'资产阶级小姐的细腻和小聪明可能给予的总要多些。"①

恩格斯迁居伦敦的决定，得到了莉希的积极支持，也受到了马克思一家的热烈欢迎。莉希同恩格斯一样，渴望着尽快地同马克思一家生活在一起。马克思一家也盼着这一天早日到来。燕妮还特别向恩格斯表示："我们全家都因为您的夫人将住到我们这里来而由衷地高兴。"并且，她和女儿们一起为恩格斯和莉希张罗住房而忙碌着。母女们东奔西走，到处物色，终于找到了一所合适的房屋。这所房屋坐落在一个公园的对面，四周空旷，环境优美，位置适中，交通便利，房间宽敞豁亮，设备雅致完善。更重要的是，它同马克思家距离较近，步行只有十五分钟的路程。燕妮兴冲冲地写信向恩格斯报告这所房子的情况，立即得到了恩格斯和莉希的同意。他们还委托燕妮与房产主交涉租金等问题。房子租下之后，燕妮又亲自过问修缮、布置等事，使房屋更加舒适、美观，等待着主人来享用。

1870年9月，恩格斯和莉希搬到了燕妮为他们选定的伦敦新居，实现了与马克思在一个城市里共同生活和工作的愿望。以往的二十年中，恩格斯和马克思主要是依靠通信交换情况，研究问题。当然，几乎每年他们两人都少不了要抽时间到对方

---

① 《马克思恩格斯全集》第38卷，人民出版社1972年版，第299页。

的住地去探望。但是，每次见面的时间却是短暂的。现在他们可以朝夕相处了，不再像过去那样受空间的阻隔和时间的限制了。恩格斯也可以一心一意地、直接地为无产阶级工作了。他几乎没有一天不到马克思家里来，马克思也常到恩格斯家里去。他们一块出去散步，或者在屋里共同讨论问题。他们的心情从来没有现在这么愉快。马克思的大女儿写信告诉一位朋友说：恩格斯陪着摩尔东走走，西逛逛，在摩尔身上起的作用，比任何药物都大得多。我们每天见到他们在一起，大家都有说不出的高兴。

这两个家庭之间的关系，比过去更加密切了。莉希对燕妮早就充满了崇敬之情，这次燕妮又为他们张罗住房，使她对燕妮更是感激不尽。燕妮也十分喜爱莉希谦虚、温和、善良的品德，对她的爱国热忱尤其敬佩。劳拉的丈夫拉法格怀着钦佩的感情描述过莉希夫人，他说："她是一位热情的爱国者，当时在曼彻斯特住着许多爱尔兰人，她始终和她的同胞保持着联系；他们的一切秘密活动她都非常熟悉。有不少芬尼亚社（爱尔兰的一个革命团体。——引者）社员把恩格斯的家当作避难所，其中有一个企图解救被押往刑场的芬尼亚社社员的领导人，由于恩格斯夫人的帮助，才得以从警察手中溜走。"①这个故事一直在马克思家中流传着，使燕妮和孩子们对莉希都非常敬重和喜爱。

恩格斯没有孩子，莉希就把燕妮的孩子当作自己的孩子一样地抚爱。还在曼彻斯特的时候，莉希就盛情地款待过马克思的女儿们，小女儿爱琳娜得到了莉希和恩格斯更多的宠爱。

---

① ［法］保尔·拉法格等著：《回忆马克思恩格斯》，人民出版社1957年版，第23页。

他们外出旅游，都少不了要带着这个讨人喜欢的孩子。迁居伦敦后，莉希和马克思的女儿们更加亲热了，她有空就去看望燕妮，有时还同燕妮母女们一起到海滨去休养几个星期。莉希搬到伦敦，对燕妮的晚年是个很大的安慰，她旅居英国这么多年，一直没有找到一个知己的女伴。现在，她发现自己与莉希意气相投，志趣一致，这使她非常高兴。马克思也很喜欢莉希的性格。每逢新年举办家庭舞会时，他都要恭敬地请莉希跳舞。两个家庭亲密无间，胜过一家人，给两家人的生活和工作增添了无限的欢乐。

巴黎公社前后

　　1871年3月18日凌晨，法国反动统治者梯也尔命令反动军队进攻国民自卫军，企图解除巴黎工人的武装。巴黎工人手执武器，高呼着"公社万岁"的口号，英勇抵抗。当天下午，国民自卫军占领了巴黎市政厅，革命红旗在巴黎上空高高飘扬，震撼人类历史的无产阶级的革命政权——巴黎公社诞生了。

　　还在头一年，正当恩格斯从曼彻斯特迁居伦敦的时候，欧洲大陆就开始了动乱。路易·波拿巴挑起了普法战争。法国失败后，巴黎爆发革命，推翻了路易·波拿巴的统治。大资产阶级窃取革命果实，成立临时政府，同普鲁士签订了卖国投降的停战协定，法兰西面临覆灭的危险。巴黎的工人阶级为了拯救民族灾难，赶走兵临巴黎城下的普鲁士侵略者，纷纷武装起来，成立了国民自卫军。3月18日巴黎工人占领了市政厅后，资产阶级政府的首脑人物纷纷逃出巴黎，革命的工人接管了政府。十天之后，经过普选，一个崭新的政权机关，世界上第一个代表无产阶级行使国家权力的政权机关——巴黎公社，正式宣告成立了。

　　欧洲大陆事态的急剧变化，早就吸引了在伦敦的马克思和他的家庭，普法战争一开始，马克思就把注意力从理论研究转移到了欧洲大陆的战场上。他代表国际工人协会总委员会起草了关于普法战争的两篇宣言，透彻地分析了战争的起因和性质，号召各国无产阶级要坚持国际主义立场，反对侵略战争，支持正义战争，把当前的斗争和自己长远的革命目标结合起来。燕妮拿着丈夫草拟的宣言，遥望着欧洲大陆，思绪万千，因为交战的一方是她亲爱的祖国，另一方是她喜欢的法国。她对路易·波拿巴早已深恶痛绝，对十年前这个政治大流氓在"福格特事件"中扮演的角色记忆犹新。她愤慨地谴责路易·波拿巴的军事冒险行动，认为他不仅是德国人民的敌人，也是法国人民的敌人。她和丈夫一样认为路易·波拿巴应该在战争中受一受普鲁士人的鞭挞。但是，当德国很快由进行保卫祖国神圣领土的正义战争变成了蹂躏法国人民、吞并法国领土的侵略战争时，他们立即明确地谴责俾斯麦政府的军事扩张政策。

巴黎公社的起义爆发以后，马克思和燕妮对来自巴黎的消息更加关心。他们高度赞扬巴黎工人阶级冲天的革命精神。在这之前，马克思曾经警告过法国工人不要过早地发动起义，因为他们面临着双重敌人——本国的资产阶级政府和围困着巴黎的普鲁士军队。但是当巴黎工人起义的消息传到伦敦之后，他就毫无保留地支持公社战士的伟大革命壮举。他在给一个朋友的信中写道："这些巴黎人，具有何等的灵活性，何等的历史主动性，何等的自我牺牲精神！""历史上还没有过这种英勇奋斗的范例！""不管这件事情的直接结果怎样，具有世界历史意义的新起点毕竟是已经取得了。"①马克思细心地搜集和研究从各个方面得到的关于公社的消息，想方设法跟巴黎方面建立直接的通信联系，及时地给公社的领导人出主意、提建议，引导他们进行正确的斗争。同时，马克思和恩格斯还通过

---

① 《马克思恩格斯全集》第33卷，人民出版社1973年版，第206～207页、第210～211页。

国际工人协会总委员会向所属各支部发出了几百封信件，号召各国的工人阶级迅速行动起来，支援巴黎公社。马克思的家再次成为流亡在伦敦的革命者聚首的中心，人们川流不息地到这里来打听消息，交换情况，讨论时局的发展。

巴黎公社的英雄战士惨遭屠杀的不幸消息传来了，马克思的家里笼罩着一片忧虑的气氛。马克思病倒了，燕妮一连几个夜晚都难以成眠，他们为在巴黎的劳拉和拉法格的安危担忧。拉法格与公社战士取得过联系，奉命在法国南部组织支援公社的斗争，好长时间杳无音讯。不仅如此，他们更关心成千上万的公社战士的命运，其中有许多人是他们认识的，有的还跟他们保持着深厚的友谊。燕妮当时已经五十七岁了，健康状况一直不好，但是她的心却与公社战士的心紧紧相连。她在给丈夫的朋友的一封信中写道："您想象不到，这几个星期以来我们感到多么痛苦和气愤。需要二十多年才能培养出这么刚强、精干、英勇的人，而现在他们几乎都在那里。有一些人还有希望，但是优秀的都被枪杀了……真正的英雄首先是男女工人，他们在没有领导人的情况下，在维累特、伯利维尔和圣安东（巴黎的两个工人区。——引者）竟战斗了一个星期！！"[1]她为被害的公社战士们深感悲痛。

巴黎公社被镇压之后，马克思受国际工人协会总委员会的委托，发表一篇关于公社的宣言，即《法兰西内战》这部光辉著作，深刻地总结了巴黎公社的历史经验，赞扬了它在七十二天内所做的伟大尝试，进一步发展了无产阶级专政的理论。随着公社的失败，大批公社战士流亡到了伦敦。在马克思

---

① 《马克思恩格斯全集》第33卷，人民出版社1973年版，第662页。

的领导下，国际工人协会建立了一个团结委员会，援助这些受迫害的人。他通过各种办法，让那些幸存的公社领导人尽快逃出法国，帮他们办理护照、筹措路费，使他们免遭军事法庭的审判。燕妮是团结委员会的积极分子。涌到伦敦的流亡者衣衫褴褛，囊空如洗，流浪街头，没有饭吃。燕妮拖着多病的身子，仍以二十年前救济德国流亡者的那种精神，四处奔走，为他们募捐，找住所，寻工作，发救济款，等等。国际工人协会由于经费不足，无法长期供养这批"难民"。英国一些有钱的人家，受资产阶级报刊反动宣传的影响，对他们另眼相看，不愿雇用他们，这使援救工作遇到了重重困难。公社战士的妻儿们也遭到了连累，颠沛流离，无家可归，这使燕妮更是忧心如焚。她尽一切努力来安顿他们，她的家再次成了流亡者栖身的避难所。她家的经济状况这时并不十分好，但她仍然像1848年革命后那样，热情接待进出她家的流亡战士。家庭开支不够了，她宁可再去借贷，也要使这些可怜的人吃一顿饱饭。许许多多的人都受到了她的殷切关怀。公社委员、法国社会主义者沙尔·龙格，是这些流亡者当中的一个，后来成了她的大女婿。恩格斯对她在公社期间的表现有过高度的赞扬，指出："那些巴黎公社流亡者的妻子们还会时常回忆起她。"①

正当马克思和燕妮以全部精力援救公社流亡者的时候，他们自己却又遭到了反动派的诽谤和迫害。德、法等国的反动政府对马克思领导国际工人协会声援巴黎公社的斗争恨之入骨。有的无理取缔国际（即国际工人协会）的支部，有的对国际的会员处以监禁。法国政府计划举行一次各国的政府首脑会议来

---

① 《马克思恩格斯全集》第19卷，人民出版社1963年版，第321页。

讨论对付国际工人协会的问题。俾斯麦发布通缉令：如果马克思一踏上德国的国土，就予以逮捕。在伦敦，许多暗探秘密跟踪马克思。资产阶级的报刊更是一片喧嚣，或造谣中伤，或诅咒谩骂，什么"公社运动的首领""警察局的密探""波拿巴主义者""独裁者"等等，给马克思横加了无数的罪名；有的甚至以要向法庭起诉相威胁。

马克思一下子成了"伦敦受诽谤最多、受威胁最大的人"。面对这些恶毒攻击，马克思按捺住心头的怒火，根本不去理会它。他埋头工作，尽最大努力来处理援救公社流亡者的事务。燕妮向德国的李卜克内西介绍当时的情况时写道："您想象不到，自从公社覆灭以来，我们在伦敦这里过着什么样的生活。难以形容的贫困，无穷无尽的痛苦！此外还有国际的非常繁重的工作。摩尔进行各种各样的工作，辛辛苦苦地通过巧妙灵活的办法，在全世界面前，在一大帮敌人面前维护矛盾分子的统一，制止协会去干各种蠢事，使颤抖的一帮胆战心惊，他在任何场合也不出头露面，不参加任何代表大会，他担负着一切困难工作而不要任何荣誉——只有这样，坏蛋们才一声不响。但是，一旦朋友们把他的名字公之于众，使他出头露面，那么一帮警察式的人物和'民主派'就发出同样的吼叫：'专制、贪权、虚荣！'""现在，不管是白天或者是黑夜，连一分钟也不得安宁！"①疯狗的狂吠吓不倒坚强的巨人，虚弱的吼叫终归会声嘶力竭。巴黎公社的实践进一步证明了马克思理论的无比正确，他的名字在各国工人阶级中间得到了越来越广泛的传颂！

---

① 《马克思恩格斯全集》第33卷，人民出版社1973年版，第684页。

才女小燕妮

1872年6月，巴黎大资产阶级和贵族阶级的《高卢人报》，刊登了一条耸人听闻的社会新闻，说国际工人协会的"大总管"——这是反动派对马克思的称呼——的大女儿又嫁人了，这次嫁给一个非常有钱的法国首饰匠。

许多关心马克思的朋友都来信询问。马克思一家看到这些信件后，禁不住放声大笑，因为这类无聊透顶的新闻，《高卢人报》已经登载过不止一次了。马克思和燕妮的长女小燕妮这次确实要准备结婚，但不是什么已经结婚；未婚夫是公社的流亡者沙尔·龙格，而不是什么有钱的首饰匠。小燕妮把这个情况写信告诉了她的女朋友，并轻蔑地嘲笑报上捏造的社会新闻。她写道："现在让我也告诉您一点新闻。巴黎警察报纸经常报道的那个婚礼，大概在7月中（18日或19日）举行。到上星期为止，《高卢人报》已经把我嫁出去二十次了。它给我选的男人是不无名气的朗德克（上面提到的那个首饰匠。——引者）。当我真结了婚的时候，想必这些白痴文人就不会再来打扰我了。"①

资产阶级对马克思的女儿同公社流亡者结婚这件事，卑鄙地进行诽谤。他们拍摄歪曲龙格形象的照片放在商店橱窗里让

---

① 《马克思恩格斯全集》第33卷，人民出版社1973年版，第687页。

人们评头品足。当女朋友向小燕妮要她未婚夫的照片时，她气愤地谈到了这件事，写道："我无法给你们寄龙格先生的照片，因为我只有一张在商店橱窗陈列过的极难看的照片，这是一张向资产阶级讨好的漫画，是为了向资产阶级说明公社委员无论在肉体上还是精神上正是他们所认为的那种怪物而制作的。一旦我有好的照片，就给你们寄去。"①

卑鄙下流的资产阶级报刊为什么要针对小燕妮制造这么多的无聊新闻呢？当然，首先因为小燕妮是马克思的女儿，要诽谤马克思必然会株连到他的子女。此外，也因为小燕妮是一个出类拔萃的姑娘，她当时在社会上已经小有名气了。父亲曾夸奖她"是世界上最优秀最能干的孩子"，"有丰富的历史知识"，经常地为她的出众的才华感到骄傲。

小燕妮是个早熟的孩子，智力远远超过了她的同龄人。她很小就能流利地朗诵长篇的剧本台词，使一些成年人都听得出神发呆。在她的笔记本里摘抄的是希腊历史、诗歌、寓言和戏剧。歌德、席勒、海涅的作品用德文摘抄，拉辛、高乃依、伏尔泰的作品用法文摘抄，莎士比亚、拜伦、雪莱的作品用英文摘抄，但丁、彼得拉克的作品则用意大利文摘抄，还有用西班牙文摘抄的塞万提斯的作品。她还爱好自然科学，仔细地研究过达尔文的著作，如她对妹妹劳拉所讲的，她"一天天地变成了更热情的达尔文信徒"。

小燕妮不仅多才，而且多艺，她的绘画是房间里最好的装饰品。中学还没有毕业时，就送给恩格斯一幅她临摹的著名的拉斐尔的圣母像。她具有当演员的天赋条件：吐音低沉悦耳，

---

① 《马克思恩格斯全集》第33卷，人民出版社1973年版，第687页。

马克思与大女儿燕妮摄于1869年的伦敦

咬字准确清晰。她的容貌也很秀丽。她那一头浓密的黑发熠熠发光，一双黑眼睛格外明亮，黑黝黝的脸上经常露出微笑，非常动人。在她身上突出地体现了黑色的、善良的、温柔的美感。她在伦敦一家剧院里参加过演出，大受观众的欢迎。她母亲曾对朋友说：要不是家里人有成见，她早登上舞台，成为出色的演员了。后来她看到家中经济困难，还背着父母去打听过到剧院工作的事。她是非常懂事的，剧院没有去成，就到一个英国博士家里当了家庭教师。

小燕妮受到家庭的熏陶，从小就非常关心政治。第一国际（即国际工人协会）成立以后，国际的委员们经常到马克思家里来讨论当时发生的政治事件和国际如何开展活动等问题。小燕妮经常在一旁听着，协助父亲工作。国际的不少文件，包括成立宣言在内，都是由她亲手抄写的。她不但做过马克思的私人秘书，也成了国际的"秘书"。她十分同情被压迫民族的解放斗争，为了纪念1863年的波兰起义，她戴上了波兰起义的十字纪念章。后来，为了纪念1867年爱尔兰的芬尼亚社社员的起义，她又把这个十字纪念章系在一根绿绸带上，佩戴在胸前，因为绿色是爱尔兰人的民族色彩。她参加过在海德公园举行的声援爱尔兰人民斗争的群众大会。她还以燕·威廉斯的笔名，连续在法国报刊上发表了八篇政论文章，控诉英国当局迫害争取爱尔兰民族解放的自由战士的罪行，热情地为爱尔兰人民的正义斗争呐喊。她的这些文章典故丰富，逻辑严密，论证充足，引起了社会上的广泛注意，不少报刊纷纷转载。马克思和恩格斯对小燕妮的文章给予了很高的评价。马克思称他的女儿是"咱们大名鼎鼎的威廉斯"，恩格斯夸她"真了不起"，获得了"光辉灿烂、值得赞扬的成就"。

　　普法战争开始以后，小燕妮就密切关注着法国形势的发展。巴黎公社起义的爆发，使她欣喜若狂。凡尔赛刽子手们对公社的残酷镇压，使她同父母一样深感痛苦。她在一封信中表示：她不能交叉着手坐着，让那些最勇敢和最优秀的人任嗜杀成性的家伙们一个一个地杀害。她为许多熟悉的朋友成为刽子手手下的牺牲品而无比痛惜。她十分挂念在法国的妹妹和妹夫，曾同小妹妹爱琳娜一起，冒着生命危险，通过重重关卡，到欧洲大陆去探望劳拉一家。在法国，面对警察当局的无理拘押和审讯，她表现了高度的机智和勇敢，使这些鹰犬妄图从她口中探出拉法格行踪的阴谋落空了。当巴黎公社的大批流亡者来到伦敦的时候，她同妈妈一起日夜不停地为救援工作奔忙。她对这些"衣服不全、囊空如洗"的流亡者寄予深切的同情，四处为他们募集救济资金。她在给朋友的一封信中写道："如果您知道我最近多么忙，您是会原谅我的。最近三个星期来，我经常从伦敦的一个郊区跑到另一个郊区（在这个大城市里，这不是件小事），而且写信往往写到夜里一点钟。奔波和写信的目的，就是为救济流亡者募捐。"①她就是这样把自己同工人阶级的命运紧紧地连在一起。她在巴黎公社失败之后同流亡者沙尔·龙格产生了爱情绝不是偶然的。

　　沙尔·龙格比小燕妮大五岁，原是法国的新闻记者，国际工人协会的会员。他担任过国际工人协会总委员会的比利时通讯书记，出席过国际召开的一些会议。巴黎公社时期，他是公社的几个委员会的成员和公社机关报《公社战报》的编辑。公社失败后，他流亡伦敦，时常到马克思家里去，从而结识了

---

① 《马克思恩格斯全集》第33卷，人民出版社1973年版，第666页。

小燕妮。1872年5月，他们两人订婚，五个月之后举行了结婚典礼。

母亲对大女儿的婚事并不十分乐观，当然，她对女婿还是满意的。她在给李卜克内西的信中写道："龙格是个很有才华的、很好的、可爱而又正派的人，这一对年轻人观点和信仰都一致，我认为这是他们未来幸福的保证。"①但是，母亲对于这对年轻人的结合并不是没有担心和保留的。一方面，母亲本来希望女儿选择一个英国人或者德国人，而不要选择法国人，因为在她看来，法国人有许多可爱的优点，但也有不少弱点和缺陷。另一方面，龙格是一个政治活动家，没有固定的社会职业，她不能不担忧女儿作为政治活动家的妻子，可能会遭受痛苦的命运。

母亲的担忧后来得到了部分应验。小燕妮和龙格结婚之后，在相当一段时间内，从牛津到伦敦都没有找到工作。1873年5月，小燕妮在一封信中写道：从圣诞节起，我就整个儿投入了有趣的竞赛，也就是所谓生存的竞争，不知有多少次，从伦敦的北区跑到南区，从东区跑到西区，寻找教法文和德文的工作、教唱歌和演说的工作，但处处都没有成功。直到1874年冬天，他们才分别找到了固定的工作：龙格在皇家学院教法文，小燕妮在一所学校里教德文。这以后，他们才开始过独立的家庭生活。

---

① 《马克思恩格斯全集》第33卷，人民出版社1973年版，第684页。

白发斑斑的老兵

巴黎公社的革命风暴过去之后，无产阶级革命进入了未来改革时代的"和平"准备阶段，西方各国获得了一个相对"和平"的发展时期。在这个时期中，许多国家的无产阶级都在组织独立的无产阶级政党，聚集和团结自己的力量，准备未来的战斗。马克思主义通过同形形色色的机会主义的斗争，逐渐广泛地传播开来。马克思成为国际无产阶级公认的领袖。在晚年，马克思一方面继续从事经济理论的研究，修订《资本论》第一卷的各种版本，撰写第二卷、第三卷的草稿；另一方面，继续充当国际工人运动的总顾问，指导各国无产阶级的革命斗争。尽管国际工人协会这样的国际性组织已不存在，但是由于马克思的丰富经验和崇高威信，各国工人运动最优秀的领导人仍经常地向他请教。他也乐于提供帮助，使年轻的领导人尽量少犯错误。正如他自己在结束国际工人协会的活动时所说的：我将继续自己的事业，不倦地努力，使全体工人把有利于美好前景的团结精神坚持下去。"我将一如既往，把自己的余生贡献出来，争取我们深信迟早会导致无产阶级在全世界统治的那种社会思想的胜利。"[1]

燕妮同自己的丈夫一样，也把自己的余生献给了国际无产

---

[1] 《马克思恩格斯全集》第18卷，人民出版社1964年版，第180页。

阶级。19世纪70年代中期以后，马克思的家庭经济状况有了比较显著的改善，那种贫困、寒碜、屈辱、阴郁的生活已成为历史。饱经忧患的燕妮，这时已年逾花甲，体弱多病，按说完全可以享享清福，过一个宁静、清闲的晚年了。但是，她"这个老兵、白发斑斑的运动参加者"①，不愿享清福，没有从政治上"退休"。她对朋友们说：尽管青春、朝气和"美好"都一去不复返，但勇敢精神并不是那么容易地丧失的。她十分关注各国的革命运动，她的心和革命和无产阶级的命运相通着。

燕妮是国际工人协会忠诚的支持者。还在1864年国际工人协会刚刚成立的时候，她就倾心于国际了。她密切地注意大会的进行，同到家中来的大会的代表们一起讨论工人运动、民族解放运动和妇女运动方面的问题。她提出的一些宝贵的意见，受到代表们的普遍重视。大会通过的关于争取妇女的劳动权、社会保护权和其他平等权利的各项决议，使她感到非常满意。她积极地参加国际组织的声援被压迫民族的解放斗争、支持爱尔兰人民的民族解放运动的活动。她同女儿一样，为一位被关在监狱里的爱尔兰民族解放组织——芬尼亚社的领导人当选为英国下院议员热烈欢呼，而这个芬尼亚社领导人的当选，却使英国政府产生了极大的惊慌。按照小燕妮的说法，妈妈同她们一样，成了坚定不移的芬尼亚社社员。燕妮还曾把一位被囚禁在监狱里的爱尔兰诗人的部分诗篇译成了法文。

燕妮也非常关心国际内部的两条路线的斗争。巴黎公社失败之后，混在国际内部的各种机会主义分子纷纷原形毕露。英国工联首领宣布退出国际工人协会总委员会，法国蒲鲁东主义

---

① 《马克思恩格斯全集》第31卷，人民出版社1972年版，第598页。

的代表人物公开地投入到凡尔赛的营垒中去了。无政府主义头子、俄国贵族出身的巴枯宁及其党徒们则配合各国反动政府对国际会员的迫害，加紧了分裂国际的阴谋活动。巴枯宁这个搞阴谋的老手，表面上伪装拥护国际，背地里不择手段地发展他的秘密宗派组织——社会主义民主同盟，妄图用它来取代国际。为了粉碎巴枯宁分子的分裂阴谋，马克思领导国际工人协会总委员会及其所属的一些支部，同他们展开了坚决斗争。燕妮也非常关心这场斗争。1872年9月，总委员会在荷兰的海牙召开国际代表大会，燕妮带着小女儿陪同马克思和恩格斯参加了这次大会。劳拉和拉法格也参加了大会。在会上，马克思派同巴枯宁派的斗争非常激烈。马克思、恩格斯鉴于欧洲各国政府对国际的疯狂迫害和防止包括巴枯宁派在内的一切机会主义派别篡夺国际的领导权，提议国际的总部由伦敦迁往纽约。这个提议遭到了各国机会主义者的强烈反对。燕妮和她的孩子们无不为国际的命运担忧。燕妮在会上的活动给代表们留下了深刻的印象。一个当时参加大会的代表说：马克思夫人非常关心党的生活，她被党的生活吸引住了。经过激烈的斗争，大会最后以多数票通过了总部迁往纽约的提议，并决定将巴枯宁开除出国际，马克思派取得了巨大的胜利。对此，燕妮同她的丈夫及其战友们一样地欢欣鼓舞。

燕妮尤其关心她的祖国——德国工人运动的前途。由于丧失了普鲁士国籍，要返回祖国居住比较困难，她成了一个"到处流浪的女公民"，但是怀念祖国之情却与日俱增。在19世纪70年代，德国的资本主义突飞猛进，工厂如雨后春笋般地涌现出来，铁路纵横交错，四通八达。随着人口数量的迅速增长，工人阶级的队伍日益壮大。世界工人运动的中心从法国转移到了德国。燕妮同她的丈夫一样，对德国工人运动的发展寄予了巨大的希望。当时，德国的工人运动分裂成拉萨尔派和倍倍尔、李卜克内西领导的爱森拉赫派，她衷心地盼望这两大派能迅速联合起来。但是，当那个充满拉萨尔观点的哥达纲领草案在报上发表之后，她的丈夫怒不可遏，写下了后来被称为《哥达纲领批判》的那部名著，对哥达纲领进行了全面的、深刻的批判。她本人也谴责了她的德国朋友们的妥协态度。她有十多年没有踏上祖国的土地了。她非常想到那里去会见一些老同志。在哥达党代表大会之后，她两次回到了"像紫罗兰一样温存的亲爱的祖国"，看到了这里发生的巨大变化，了解到了德国党内的实际情况，祝愿工人运动在健康的道路上发展。1877年德意志帝国进行国会选举。在选举中，德国社会民主党有十二人获得了近五十万张选票，当选为国会议员，这是一次重大的胜利。燕妮无比高兴地向朋友报告这一喜讯，她写道："问题不在于他们将送这么多'人'到国会里去，而在于社会党人到处（甚至在柏林枢密官们的居住区）都获得了确实是非常之多的选票。看来，这种情况使钻营之徒、滥设企业者和吸血鬼们完全惊惶失措了。"①

德国社会民主党人的胜利吓坏了帝国反动政府。1878年，即燕妮最后一次回国旅行的第二年，俾斯麦慌忙地颁布了"反社会主义者非常法令"，残酷镇压社会民主党、工会、工人体育协会和其他一切工人团体，禁止出版宣传社会主义的报纸、杂志，并将大批社会民主党人逮捕入狱或驱逐出境。德国境内笼罩着一片白色恐怖。德国社会民主党转入了地下斗争。燕妮

---

① 《马克思恩格斯全集》第34卷，人民出版社1972年版，第468～469页。

非常关心党的地下斗争的发展。她在瑞士疗养的时候，还参加了德国党在那里的一个小城举行的秘密会议。后来在临危的病榻上，她还让人告诉她又一次帝国国会选举的结果，为处在艰苦条件下坚持斗争的社会民主党人的光辉成就感到无比的喜悦。

伟大女性的长逝

1879年2月，燕妮支撑着衰弱的身子愉快地度过了六十五岁的生日之后，健康状况就日益恶化，不仅完全丧失了工作能力，而且常常卧床不起。经过反复诊断，终于确诊患了不治之症——肝癌。

面对病魔的折磨，燕妮表现了惊人的克制能力和乐观精神。癌症的痛苦是可怕而漫长的，但是她默默地忍受着，从不呻吟，比她的丈夫和孩子们还要镇静。为了给亲人们以安慰，减轻他们心头上的忧虑，她常常忍着剧痛与家人或客人们一起讨论问题，以她独有的幽默有说有笑，有时竟然还到剧场去看几场戏。在这样的时候，有谁能感觉到她是一个在世上活不了多少日子的病人呢？她对医生说："我就是这样不放过每一个机会。我真希望还能稍微多活一个时期，亲爱的好心的医生。奇怪的是，一个人越是接近死亡，就越是留恋'尘世'。"1880年年底，她已病入膏肓，仍然热情地接待了首次来家里做客的德国社会民主党领袖奥古斯特·倍倍尔。这次亲切友好的会见，无论给病人或客人都留下了美好的记忆。倍倍尔写道："在我们当时在伦敦所度过的唯一的一个星期日，马克思把我们全体请到他那里去吃饭。燕妮·马克思夫人我早已认识，仪表雍容大方，立刻博得我的好感，她善于以极其可爱和殷勤的方式招待客人。""在我们离开的前一天又到马克思家时，马克思夫人患病卧床。由于我请求告别，马克思领我去见她，但严格嘱咐同她谈话不得超过一刻钟。但是我们立刻就交谈得这样兴奋，我完全忘记她的情况，以至谈了不是一刻钟而是半点多钟。忍耐不住的马克思进来申斥我说，大约我想要他的夫人的命吧？我悲悲切切地向她告别，因为她的病是不治之症。"①

1881年夏天，燕妮的病情在继续恶化，但是她仍然以坚强的毅力支撑着。她希望能够最后地看一看她喜爱的法国，特别是要看一看她心爱而多病的长女以及给了她无穷乐趣的小外孙们。这给马克思和医生们出了一个难题。以她的身体状况而论，这样长途的旅行是非常危险的；但是由于她的病已无法治好，医生们最后满足了她的愿望，让她最后一次尽情地享受与孩子们团聚的欢乐。恩格斯也同意医生们的意见，自从燕妮病重之后，他一直关心她的健康。他在外地写信对马克思说："我这里有支票；要是你需要什么，请不要客气，告诉我你所需要的大致数目。你的夫人绝对不应克己了；她想要什么或者你们知道她喜欢什么，都应该使她得到满足。"②

燕妮去巴黎的旅行，在马克思和琳蘅的陪同和照顾下，一路还算顺利，燕妮见到了爱女，见到了几个活泼可爱的小外孙，同他们一起逗乐取笑，在精神上得到了许多愉快，从而使病情从表面上看来似乎有了好转。她还兴致勃勃地坐着敞篷车游览了巴黎市容，对这个美丽的城市恋恋不舍。女儿希望母亲比较长久地住下来，母亲也不愿匆匆地离开女儿。但是，马克

---

① ［德］奥古斯特·倍倍尔著：《我的一生》第3卷，生活·读书·新知三联书店1965年版，第135页。

② 《马克思恩格斯全集》第35卷，人民出版社1971年版，第9页。

晚年的燕妮

思忧心忡忡。因为他知道，妻子身体的暂时"好转"，并不能
阻止病情的最后恶化。他催着妻子尽快回伦敦。当接到爱琳娜
突然病重的急电后，他先期回到伦敦。随后，燕妮也不得不同
巴黎方面的亲人告别，在琳蘅的陪同下回到了伦敦。

　　落叶之秋是凄惨的。燕妮已经卧床不起。马克思又患了支气管炎和有生命危险的胸膜炎等并发症。两张病榻上躺着两个垂暮之年的老人，家里充满了无限悲戚、焦虑的气氛。爱琳娜记叙那些日子的状况时写道："在1881年秋天，这时我们亲爱的母亲已经病得厉害，很少下床了，摩尔害了沉重的胸膜炎。……医生（我们的挚友唐金）认为他几乎无望了，那真是可怕的时期。在前面大房间里躺着我们的母亲，后面小房间里睡着摩尔。那样相处惯了、那样相亲相爱的两个人，竟再不能同住在一间屋子里。""摩尔又一次战胜了病魔。我永远忘不了那天早晨，他觉得自己强健得能够到母亲房间去了。他们在一起又都年轻起来，像一对共同进入生活的热恋中的青年男女，而不是彼此正向生命话别的一个被疾病摧毁了的老人和一个将死的老妇。"①

　　12月2日，死神降临了。燕妮安详地同家人告别。她不惧怕死亡，直到气绝时神志还很清醒。她对亲爱的丈夫用英语说了最后一句话"卡尔，我不行了"，脸上露出微笑，把手伸给丈夫和孩子们紧紧地握着，然后慢慢地却是永远地沉入了睡乡。这时，"她的眼睛比平时更加富于表情，更加美丽，更加明亮！"②燕妮临终时感到欣慰的是：她的丈夫终于得到了世界的承认。11月30日，她看到了一家英国刊物发表评论，称颂马克思是"现代思想的领袖"。这是在她生活了二十多年的国度里发表的第一篇肯定马克思学说的文章，这使她在生命的最后几天里得到了愉快。

------

　　① ［法］保尔·拉法格等著：《回忆马克思恩格斯》，人民出版社1957年版，第75页。

　　② 《马克思恩格斯全集》第35卷，人民出版社1971年版，第233页。

燕妮的葬礼是秘密举行的。临终之前，她对身边的护士说过"我们不是那种重表面形式的人"①，嘱咐葬仪从简。遵照她的遗言，参加送葬的人仅仅是在伦敦的很少几个最亲密的朋友。马克思悲痛欲绝，病体又极度虚弱，医生绝对禁止他去把亲爱的亡人送到最后的安息地。恩格斯在燕妮的墓前致了悼词，高度评价了燕妮的革命精神和崇高品德，指出："她的一生表现出了极其明确的批判智能，卓越的政治才干，充沛的精力，伟大的忘我精神；她这一生为革命运动所做的事情，是公众看不到的，在报刊上也没有记载。她所做的一切只有和她在一起生活过的人才了解。""我用不着说她的个人品德了。这是她的朋友们都知道而且永远不会忘记的。如果有一位女性把使别人幸福视为自己的幸福，那末这位女性就是她。"②

燕妮的逝世在各国革命者中间引起了巨大的悲痛。马克思写信告诉在巴黎的长女小燕妮说："我从各地和从各种民族、各种职业等的人们那里收到的吊唁信，都赞扬妈咪，都充满了非常真诚的心情，非常深厚的同情，这是罕见的。"③燕妮的一位生前好友写道：由于她的逝世，自然界毁坏了它自己的杰作，因为我一辈子没有见过这样聪慧而慈爱的女人。燕妮的女婿拉法格说：她活着是一个共产主义者和唯物主义者，死时也是如此。

这些评价对这位伟大的女性来说，是当之无愧的，这就是她的崇高的形象！

---

① 《马克思恩格斯全集》第35卷，人民出版社1971年版，第232页。
② 《马克思恩格斯全集》第19卷，人民出版社1963年版，第323～324页。
③ 《马克思恩格斯全集》第35卷，人民出版社1971年版，第242页。

忠诚的琳蘅

马克思的家里还有一位伟大的女性。这位女性从血缘关系来说，虽然不属于马克思或燕妮的家族，但她却在这个家庭中占据着重要的位置。凡是熟悉马克思和燕妮的人，都自然地把她看成是这个家庭的成员。她就是我们前面多次提到的海伦·德穆特，家里的人都亲切地称呼她为琳蘅、尼姆或尼米。

琳蘅出身贫苦农民家庭，从小就到了路德维希·冯·威斯特华伦家。老威斯特华伦夫妇对这个女仆仁慈、厚道；燕妮对这个比她小八九岁的姑娘平等相待，建立了亲密的友谊。燕妮出嫁时，琳蘅依依惜别。当燕妮即将做第二个孩子的母亲时，她从燕妮的母亲身旁来到了布鲁塞尔，帮助马克思夫妇照顾小孩，料理家务。从此，她就跟随马克思和燕妮

海伦·德穆特（琳蘅）

漂泊流亡，患难与共，生死相依，把自己的一切献给了这个为无产阶级事业而奋斗的革命家庭。

琳蘅没有文化，但她头脑聪颖，观察敏锐，性格坚毅，能

辨别政治是非，爱憎分明，有一颗平凡而崇高的心。她敬仰马克思，崇拜马克思，理解马克思的事业，认为马克思所做的一切都代表了正义、光明和进步，不容许任何人进行诋毁和攻击。对于反对马克思的人，她是非常厌恶的。拉萨尔到马克思家里做客，她跟燕妮一起嘲讽他的狂妄自大、装腔作势的作风。她对马克思一家充满了真挚、热烈的爱，无条件地为马克思一家人服务。在马克思经济上最困难的岁月，她宁肯不要工钱，也不离开这个贫困的革命家庭。她细心地照顾马克思和燕妮的生活，关心他们的健康。每当马克思或燕妮生病的时候，她都日夜守护在旁。恩格斯告诉朋友们说：我们那个非常好的老琳蘅，看护他们要胜过任何母亲照顾自己的孩子。燕妮患天花，马克思在陪同燕妮最后一次去法国之后患支气管炎并发胸膜炎，都多亏她帮助护理，才使病人转危为安了。

琳蘅对马克思一家竭忠尽诚，一片丹心。为了马克思的事业和家庭，她毫不吝惜地牺牲了自己的青春。威廉·李卜克内西满怀赞美和崇敬的心情写道："我第一次看到琳蘅的时候，她二十七岁。虽然不是美人，但她修长匀称的身材和惹人喜欢的面孔显得十分动人。倾慕她的男子并不是没有，而且不止一次有缔结美满姻缘的机会。虽然她不曾立过任何誓约，但她那忠诚的心却很明白：她应该同摩尔、马克思夫人和孩子们留在一起。""于是她留下来了，而青春的岁月逝去了。……当她将自己的命运与之连在一起的人们都死去时，她才得到休息。"①马克思能够把自己的毕生精力完全贡献给无产阶级，燕妮能够成为共产主义的伟大战士，这在一定程度上要归功

---

① ［法］保尔·拉法格等著：《回忆马克思恩格斯》，人民出版社1957年版，第82页。

于她！

琳蘅是一个非常善良的人。她爱马克思一家，也爱跟马克思一样献身革命的同志。她无限同情流亡者的遭遇，当这些身无分文、食不果腹的人来到马克思家的时候，都会受到她的热情照顾。没有零用钱花，她就给他们几个硬币；肚子饿了，她就给他们做点吃的；衣服破了，她就帮他们缝补。马克思家的经济条件许可的时候，星期天常到汉普斯泰特荒皋去郊游，她会给准备一大篮子丰盛的食物：很大一块烤牛肉，还有茶、糖、水果等等。她善良的心让她总是想让同去的流亡者客人们美餐一顿。流亡者永远忘不了她的深情厚谊。

琳蘅是一个非常能干的人。她帮助燕妮操持家务，什么活都会干，什么事都乐意做。烧菜做饭、裁剪缝纫、照料孩子等等，一切都做得令人满意。燕妮在1861年写给友人的信中称赞琳蘅说："她对我说来是多么珍贵啊。她和我们同甘共苦已经十六个年头了。"①她细心而又果断，有一种巧妙地处理令人烦恼的日常琐事的本领，这是燕妮比不了的，更不用说马克思了。正因为这样，她成了这个家庭不可缺少的"女管家"。马克思的朋友说：琳蘅是马克思家里的执政者，而燕妮在家中则是发号施令者，马克思则像驯羊一般服从这种执政。马克思的小女儿爱琳娜也说：从某种程度上看，我们的琳蘅是全家的轴心，一切都围绕着她转动。她非常刻苦耐劳，善于精打细算，使马克思家在最贫困的时候也没有缺乏最基本的食品。她还不止一次地拿出自己节省下来的一点点钱买马铃薯和面包。她在帮助马克思和燕妮度过家庭生活的最艰难岁月中，做出了令人

---

① ［法］保尔·拉法格等著：《回忆马克思恩格斯》，人民出版社1957年版，第279页。

难忘的贡献。

马克思和燕妮终生感激琳蘅的忠诚。他们对琳蘅的爱，不亚于琳蘅对他们的爱。在他们的思想里，从来没有把她当成"下等仆人"或当外人看待过。他们习惯地认为，她是他们家庭中的当然成员，跟他们一样有平等的地位。无论是家里的大人或者小孩，都非常喜爱她、尊重她、信任她。恩格斯曾说："马克思经常向她征求意见，要她在党的困难而复杂的问题上出主意。"①不仅在日常生活问题上，而且在政治问题上，马克思都把她当成一名忠实的助手。马克思和燕妮还经常派她代表他们去拜访友人，处理一些具体事务。

马克思和燕妮在生活上对琳蘅的关怀是诚挚的。19世纪60年代初，琳蘅有一次病得很重，当时马克思到德国借钱去了，燕妮就像琳蘅伺候她那样伺候琳蘅。这时马克思家里经济困难，恩格斯就寄来钱，给琳蘅治病。燕妮收到恩格斯寄来的钱后，抑制不住内心的激动，回信说："当我看到寄来的钱是我所指望的五倍时，我真是高兴极了。不承认这一点，那是虚伪的，而琳蘅比我更高兴！当我跑上楼去对她说'恩格斯为了使你舒适，寄来了五英镑'时，她那双几乎已经失神的眼睛立即放射出了喜悦的光芒。""昨天医生也认为垂危的病人已经有所好转。""我们经历了忧虑焦急的日日夜夜。"②

马克思和燕妮对琳蘅是这样的关怀，对琳蘅的亲人也十分关怀：琳蘅的妹妹有心脏病，在马克思家里住了几年，最后因心脏病发作而去世了。马克思不仅跟琳蘅一起日夜看护了她的

---

① 转引自［法］保尔·拉法格等著：《回忆马克思恩格斯》，人民出版社1957年版，第170页。

② 《马克思恩格斯全集》第30卷，人民出版社1975年版，第674~675页。

妹妹一个星期，而且向恩格斯要了一笔钱，妥善地进行了安葬。

马克思的孩子们对琳蔼非常爱戴。琳蔼无微不至地关心孩子们，孩子们把她当作她们的第二个母亲。爱琳娜说："海伦·德穆特对马克思及其家庭来说意味着什么，这只有我们才能评价，但是就连我们也很难用语言来表达。"[1]小燕妮用她在伦敦剧院唯一的一次登台演出的报酬，买了一件纯丝绒的大衣送给了抚育她长大的琳蔼。劳拉经常帮琳蔼在厨房里干活，每逢琳蔼不在的时候，就代替她当"厨娘"和管理家务。孩子们在出嫁之后写信给父母时，每次都忘不了对她致以亲切的问候。

琳蔼忠诚无私地为马克思的家庭服务，得到了崇高的荣誉。她的名字不仅记录在马克思、恩格斯那闪耀着思想光辉的书信集里，还取得了同马克思和燕妮合葬的资格。尽管过去死去的孩子和外孙不能在合葬墓中占有一席之地，但是燕妮早就留下了遗言：琳蔼必须与她同穴。马克思完全同意这一决定。1890年琳蔼逝世后，恩格斯和马克思的女儿们一道忠实地执行了这一任务，使这位无产阶级的纯洁女性得到了她应该享有的归宿。

---

① 〔法〕保尔·拉法格等著：《回忆马克思恩格斯》，人民出版社1957年版，第170页。

爱琳娜——英国工人阶级之女

马克思和燕妮在晚年感到宽慰的是，他们最小的女儿爱琳娜也已经长大成人。在劳拉和小燕妮先后出嫁之后，爱琳娜就成了父母身边唯一的亲人了。

爱琳娜是在家庭连续发生几起不幸的事情的时候诞生的。父母把对死去的几个孩子的爱都转移到她身上了，两位姐姐也对她百般呵护。她机灵淘气，活泼顽皮。父亲常常开玩笑地说，把爱琳娜生为女孩子，大概是上帝给安排错了。她的许多气质和举止，都非常像一个男孩子。她的一些别出心裁的恶作剧，总是使父母捧腹大笑，驱散了压在他们心头的不少忧愁。

小爱琳娜不仅是马克思家中的宠儿，也是恩格斯家中的宝贝。她这个幸运儿比两位姐姐更多地得到了两家的父爱和母爱。她是曼彻斯特的恩格斯家里的常客。她每次光临都要使恩格斯夫妇忙碌一番，莉希夫人为她准备好吃的，恩格斯为她买一些最新出品的玩具。她一到来，恩格斯家就热闹异常。她也非常喜欢恩格斯和莉希夫人，像爱亲生父母那样爱他们。在恩格斯家里做客，是她生活中最快乐的日子。马克思对恩格斯说，小杜西招得我们家里人都妒忌了，她大夸特夸曼彻斯特的“避难所”怎么好，使姐姐们无不羡慕。她不安心在伦敦住，公然表示要尽早回到曼彻斯特去，甚至索性要搬过去。恩格斯读到这样的信感到非常惬意。在爱琳娜的童年记忆中，使她特别难以忘怀的是：恩格斯在1869年带她到爱尔兰各地去的一次旅行。那时，恩格斯为了准备写一部爱尔兰史，需要到那里去做实地考察，爱琳娜陪着莉希夫人同行。这次旅行使她深深地爱上了这个国家的人民，对她以后的政治倾向产生了深刻的影响。

马克思的女儿爱琳娜

长大了的爱琳娜，没有辜负父母的一片钟爱。她那炯炯的眼神和彬彬有礼的举止，显示出她是一个富有教养、思想成熟和非常能干的姑娘。两位姐姐出嫁之后，她当仁不让地担负起父亲"秘书"的职责。由于她喜欢钻研，兴趣广泛，行动敏捷，马克思无论交给她什么事情，她都能很好地完成。她帮助父亲从报纸、杂志和书籍里摘录材料，使她的知识面不断扩大。她代表父亲处理一封又一封的信件，使她比较早地关心世界上发生的重大事情，同各国的革命领导人建立了联系。她作为马克思的女儿，不单是协助父亲工作的秘书，而且是维护父亲声誉的战士。资产阶级经济学家为了诋毁马克思的学说，惯于制造流言，诬蔑马克思引用的资料站不住脚等等。19世纪80年代初期，一个英国经济学家又重复了一个德国经济学家在70年代对马克思的攻击，硬说马克思引用某篇讲话时有出入，不真实。这使爱琳娜非常生气，她接连写了三篇文章进行驳斥，但都被报纸拒绝刊用。后来，一家杂志发表了她的批驳文章。爱琳娜仔细地核对了材料之后指出，马克思在引用这篇讲话时，既没有删去一句值得注意的，也没有"多写"一句自己增添的。她的这篇文章，有力地捍卫了马克思严格的科学精神。

爱琳娜的政治活动主要是致力于反对英帝国主义的民族斗争和阶级斗争。她对爱尔兰问题有着一种"特殊的"感情。她同大姐小燕妮一样，无限同情爱尔兰的民族解放运动，为她所心爱的这个民族遭受的不幸而沉浸在悲痛之中。她的妈妈说，她简直成了"爱尔兰人"。1880年，英国国会通过法案，在爱尔兰取消了人身不受侵犯的权利，警察当局可以不受法律约束而随意拘捕、审讯任何人。这是对受压迫的爱尔兰人民在政治上的歧视和迫害，爱琳娜对这件事非常愤慨。后来，她在给二姐劳拉的一封信中说：这里的人对爱尔兰的问题都感到愤慨，各地都在举行有多数人参加的集会，英国工人阶级第一次支持爱尔兰人。她还说，她在伦敦贫民区的一次群众大会上发表了演说，支持爱尔兰人争取自治和揭露政府施用暴力政策的运动。为了进行宣传鼓动工作，她还几次去爱尔兰，利用各种机会捍卫爱尔兰人民的权利。

英国的工人运动在19世纪70年代末80年代初重新高涨起来了。爱琳娜很早就开始在英国工人阶级中间进行宣传和组织的工作。她的妈妈早就说过："她成了地地道道的政治活动家。"[①]她把很大一部分精力都用在深入工厂区调查情况、发动罢工和组织工会等工作上。工人和贫民居住的伦敦东区是当时世界上最大和最穷的工人住宅区，爱琳娜经常到这个区开展活动。她特别关心英国女工的生活状况和劳动条件，同她们建立了深厚的感情。她满怀悲愤地向劳拉介绍贫民窟的情况，写道："讲到伦敦这里的穷苦情形，我想你们哪怕是在巴黎也不

---

① 《马克思恩格斯全集》第33卷，人民出版社1973年版，第685页。

马克思的女儿爱琳娜

能够想象到它的万分之一，如果是沿着一条条的街道走过去，那你会感到非常痛心的。我是熟悉东部的，我认识不少在那里生活了多年的人。"至于伦敦的西部，那里穷人的生活情形又怎么样呢？她向劳拉描述了这里的一家人：许多天来，"八个孩子除了面包没有看到其他的食物，而现在连面包也没有啦。母亲躺在麦秆上，赤身露体，只盖着一些破布烂巾，为了要买面包，前几天她已经把衣服当掉了。孩子们活像是几具小骷髅。他们一起住在一间极小的地下室里。这种生活是可怕的，然而周围也是这个情形……看到了这种种情景，你简直要感到绝望……若问这成千上万忍饥挨饿的人怎样能够度过最近的几个月，那简直是一个谜。如果这些人在团结起来之前，在用武力获得他们所需要的一切之前就饿死了的话，那也是不足为奇的"①。她所看到的这些情况，进一步加深了她对资产者的痛恨和要为无产者的解放而斗争到底的决心。

英国的失业问题越来越严重了。在伦敦、曼彻斯特等大城市，失业者举行了大规模的示威集会，要求政府救济。许多工厂的工人进行罢工，支持失业者的合理要求，爱琳娜活跃在工人俱乐部里，在工人们当中进行宣传工作。1887年4月，在海德公园举行的一次群众大会上，她登上讲台发表了演说。在同年11月的一次群众集会上，她同前来驱散群众集会的警察进行徒手搏斗。恩格斯向拉法格谈爱琳娜的情况时说："她在将近七点钟的时候好容易才来到我们这里：大衣被撕扯成了碎片，帽子被棍棒打破了，弄皱了；警察逮捕了她，但是又由督察员下令释放了。"②

---

① 转引自〔苏〕奥·巴·沃罗比耶娃等著：《马克思的女儿》，生活·读书·新知三联书店1965年版，第124～125页。

② 《马克思恩格斯全集》第35卷，人民出版社1975年版，第690页。

　　警察当局的镇压，没有阻止罢工运动的蔓延。爱琳娜参与了煤气工厂工人的罢工，组织了包括不熟练的工人参加的工会。伦敦煤气工人工作时间长，工资低。罢工工人要求缩短工时和提高工资，由每天工作十四五个小时改为八小时工作制，每星期有一天休假，每工作一班增加一个先令的工资。由于工人们团结一致，跟资本家斗争坚决，上述要求基本上得到了满足，工人们取得了胜利。爱琳娜为组织工会做出了巨大努力，她担任煤气工会中央委员会的委员，组织和领导了工会的妇女支部，团结了七万名英国和北爱尔兰的工人。煤气工人罢工的胜利，是英国工人罢工运动史上罕见的大事件。她在总结罢工运动的经验时指出：这样的一个时期已经来到了，人们已经看出他们不能够跟资产阶级携手并进；在英国这个地方，妥协精神是十分危险的，我很高兴，因为煤气工人已经摆脱了资产阶级的"庇护"。恩格斯对朋友们赞扬爱琳娜说：领导煤气工厂工人的是杜西，看来他们的工会是最好的组织之一。

　　爱琳娜在长辈的直接教育下，在斗争的锻炼中，迅速成长为无产阶级的坚强战士。同她的父亲一样，她后来也没有去寻找一个固定的职业，而把自己的全部精力投入到工人们的斗争中去了。正如她的一位友人所说的：在英国，很难找到一个她不曾在上面发过言的工人讲台。无论在伦敦或外省，她的活动范围都是广阔的，到处都有她的足迹。一位跟她父母同时代的共产主义者老战士看到她的成长，高兴地说：爱琳娜是她天才的父亲的忠实女儿，工人们可以因为有了这样一个尽力坚决保卫他们利益的人而感到非常骄傲。

人类失去了当代最重要的一个头脑

燕妮的去世，对马克思精神上的打击是非常之深的。燕妮逝世时，恩格斯悲痛地预感到："摩尔也死了。"他当时脱口而出的这句语意深沉的话，曾使爱琳娜很不高兴。但事实表明，从此以后，马克思的生命确实在随着燕妮的生命一同逝去。

马克思的健康状况越来越坏。他的思想常常沉浸在对妻子的怀念之中。他写信对朋友们说：我已经是双重的残废了。精神上是由于失去了永世难忘的终身伴侣，她同我生命中最美好的一切分不开；生理上是由于胸膜炎和支气管炎不能彻底治愈，不得不花一些时间来专门恢复自己的健康。

德国资产阶级报刊对马克思的健康状况故作夸大的渲染，甚至制造谣言。有的散布说，马克思在最近不久即将去见上帝；有的甚至造谣说，马克思死了。这反映了马克思的敌人们幸灾乐祸的卑鄙心理。对于资产阶级出于十分卑鄙的目的而制造的这些谣言，马克思感到十分可笑，同时一种强烈的生存愿望鼓舞着他去同疾病进行顽强斗争。他说："现在我更应该长久地活下去，以刺激刺激这群恶狗。"[①]他还说：为了他们，我"'这个与世界失去联系的人'也一定要重新成为有活动能

[①] 《马克思恩格斯全集》第35卷，人民出版社1975年版，第249页。

力的人"[1]。

1881年年底，为了治好胸膜炎和支气管炎遗留的一些症状，医生们让马克思到英国海滨的怀特岛上去休养。因为那个地方的冬天比较暖和，而伦敦的冬天却是浓雾弥漫，对马克思的健康非常不利。可是很不凑巧，那一年的情况却正好反常，岛上潮湿寒冷，时常下雨，气温比伦敦还低；而伦敦却几乎是夏天的天气。所以，马克思在怀特岛逗留了三个星期后，便动身回伦敦。可是当他回到伦敦时，那种几乎是夏天的好天气却又结束了。于是根据医生的建议，马克思又到了北非的阿尔及尔等地，在那里休养了比较长的时间。由于在去阿尔及尔的路上碰到寒冷潮湿的天气，马克思的胸膜炎复发了。那里的医生对他的病进行了精心的检查和治疗。但那里的气候变化无常，好天气不多，常常是一会儿狂风暴雨，一会儿又骄阳当空，冷一阵热一阵的，使马克思的病体很难适应。因此，马克思的疗养没有收到预期的效果。这段时间内马克思的心情也很不好，他对燕妮的怀念愈来愈强烈。随后，马克思住到了巴黎近郊的小燕妮那里。同女儿和小外孙们在一起，他的心情比较愉快，并在附近某地进行了硫矿泉水浴的治疗，这些使他的健康状况有了相当的好转。不久，在劳拉的陪同下，他又去瑞士疗养了一段时间。他很想回到伦敦，因为同恩格斯已有大半年没见面了。在健康状况有所好转后，他于1882年10月回到了伦敦。但是在冬天将要来临的时候，他又去了怀特岛，因为医生仍然不同意他在伦敦久住和过冬。

在养病期间，马克思的健康尽管一直令人担忧，但是只要

---

[1]　《马克思恩格斯全集》第35卷，人民出版社1975年版，第247页。

身体稍微有所好转，他就打算重新开始工作，完成他的那部伟大著作《资本论》。他在给朋友的信中表示："我想尽快地完成第二卷（即使是我不得不在国外出版它）。我现在特别想完成它，以献给我的妻子。"①在他不可能进行这样艰巨的理论著述时，他在休养期间也不放过任何机会去搜集资料。在阿尔及尔，他向一个法官详细了解了英、法等殖民主义国家残暴压迫阿拉伯人的情况。回到伦敦后，他又为出版《资本论》第一卷的德文第三版做准备工作。去怀特岛之后，他还打听各国工人运动的消息，同一些社会主义者会面，并通过信件往来同恩格斯讨论他们共同关心的问题。他是多么想早日康复，继续与恩格斯为无产阶级并肩战斗啊！

但是，1883年1月11日，他最心爱的长女小燕妮突然逝世的电报传来了。它像晴天霹雳，给了病中的马克思以致命的打击。爱琳娜亲自去怀特岛向马克思报告这一不幸的消息。她回忆当时的情景时写道：我一生经历过不少悲哀的时刻，但从来没有像这次这样沉重。我感到我这一去等于是把死刑判决书带给我父亲。在漫长的旅途中，我苦心思虑着如何把这消息告诉他。但是不等我开口，他已经从我的面部表情看出来了。摩尔立刻说："我们的燕妮死了！"接着命令我到巴黎去照看那些孩子②。第二天，马克思拖着患有严重支气管炎的病体回到伦敦，接着并发了喉头炎和肺气肿。虚弱的老人再也经受不住精神上和肉体上这样痛苦的折磨了。从此，他卧床不起，饮食难进，身体一天天地衰弱下去。3月14日那天，恩格斯和往常一

---

① 《马克思恩格斯全集》第35卷，人民出版社1975年版，第238页。
② 参见［法］保尔·拉法格等著：《回忆马克思恩格斯》，人民出版社1957年版，第77页。

样，午后两点多钟来看望马克思。但是，这天他一进门，就看见全家人的脸上淌着眼泪。他赶快上楼朝马克思的卧室走去，发现与他共同战斗了将近半个世纪的老伙伴，这时却已在自己的安乐椅上永远地长眠了。

恩格斯怀着无比沉痛的心情，通过打电报和写信，迅速地把马克思逝世的噩耗，通知了各国的革命战友。全世界的无产阶级都为失去了这位伟大的革命导师感到万分悲痛，许多国家的社会主义者纷纷致电表示哀悼。3月17日，马克思生前亲密的战友、朋友、学生以及亲属来到伦敦郊区的海格特公墓，为他举行了简朴的告别仪式。人们把他和他的夫人合葬在一起，使这两位永远相亲相爱的人的遗愿得到了满足。恩格斯在墓前发表了悲壮、感人的演说，以简短质朴的语言高度评价了马克思伟大的一生，深切地表达了各国劳动人民对死者的最高敬意。对马克思的逝世，恩格斯曾不止一次地、崇敬而悲痛地说：人类失去了一个头脑，失去了它在当代所拥有的最重要的一个头脑。这个天才的头脑曾经用他那强有力的思想哺育了两个半球的无产阶级运动。我们之所以有今天，都应归功于他；现代无产阶级运动所取得的一切成就，都应归功于他的理论和实践活动；没有他，我们至今还会在黑暗中徘徊①。恩格斯还说：这个人的逝世，对于欧美战斗着的无产阶级，对于历史科学，都是不可估量的损失。这位巨人逝世以后所形成的空白，在不久将来就会使人们感觉到。但是，无产阶级革命运动必将沿着自己的道路发展下去，最后的胜利是确定无疑的，否则，

---

① 《马克思恩格斯全集》第35卷，人民出版社1975年版，第460、457页。

我们活着干什么呢？我们决不会因此丧失勇气①。

马克思的最后一张照片（1882年）

恩格斯所表达的这些思想，得到了各国革命实践的完全证实。马克思的理论至今仍是社会历史领域内的颠扑不破的科学真理，是无产阶级和劳动人民强大的思想武器。近百年，一切真正的革命者和共产党人，在他的理论的指导下，前赴后继，英勇奋斗，使世界的面貌发生了巨大的变化，社会主义的理想已部分地变成了现实。今后，各国人民将继续高举起马克思主义的革命大旗，去夺取更大的胜利！

---

① 参见《马克思恩格斯全集》第19卷，人民出版社1963年版，第374页；第35卷，人民出版社1975年版，第460页。

后 记

　　《马克思与燕妮》2018年版，本来是想赶在2018年5月5日马克思诞辰二百周年前与读者见面的。但由于想增加一些图片，使其图文并茂，便耽误了。经过出版社一再努力，现在终于面世。

　　这本小书得以新版，首先要感谢广东教育出版社的领导。因为双方洽谈此书已到了今年年初，要想赶在5月前出书，时间比较紧。但他们还是下了新版此书的决心。在此，我当然要首先表示感谢。其次，要感谢出版社的邓祥俊和梁岚两位编辑。该书新版最初并没有提出加图片问题。后来考虑读者对象主要为青年群体，还是增加图片，使当代的小字辈能感受到近两百年前的历史风貌，更能理解本书主人公的内心世界和历史活动，因而有此提议。这实际上有点为难他们了，但他们没有任何怨言，欣然赞同。这既增加了他们的工作量，自然也影响了出版时间。但目前能使这本小书产生图文并茂的效果，他们功不可没。最后，还要感谢我的博士生，也是本书特约编辑郑宁波。本书的许多具体事宜都是他在忙活，这减轻了我很多杂务。特别是本书增加的图片，都是他与相关方面联系后才决定使用的。这些具体的工作没有他的努力，我这个八十老翁是绝对办不成的。因此，当出版社征询意见时，我说一定要写后记，对所有参与该书新版工作的同志，还有我在此没有提及的但做了许多默默无闻工作的同志，都一并表示衷心感谢。

石仲泉

2018年7月1日于北京